犯罪侧写师手记

오늘도 살인범을 만나러 갑니다

[韩] 李珍淑 著　长意 译

四川人民出版社

图书在版编目(CIP)数据

犯罪侧写师手记/(韩)李珍淑著;长意译. -- 成都:四川人民出版社,2022.12
ISBN 978-7-220-12890-5

Ⅰ.①犯… Ⅱ.①李… ②长… Ⅲ.①犯罪心理学 Ⅳ.① D917.2

中国版本图书馆 CIP 数据核字(2022)第 218997 号

오늘도 살인범을 만나러 갑니다 (I'm going to meet the murderer again today)
Copyright © 2020 by Lee Jinsuk.
All rights reserved. Translation rights arranged by PlanetB Publishing.
through May Agency and CA-LINK International LLC.
Simplified Chinese Translation Copyright ⓒ 2022by Tianjin Staread Culture Co., Ltd.

四川省版权局著作权合同登记号 21-2022-208

FANZUI CEXIESHI SHOUJI
犯罪侧写师手记
[韩]李珍淑 著 长意 译

出版人	黄立新
出品人	柯伟
监制	郭健
选题策划	刘思懿
责任编辑	魏宏欢
特约编辑	赵莉
封面设计	尬木
版式设计	李琳璐
责任校对	舒晓利
责任印制	周奇

出版发行	四川人民出版社(成都三色路238号)
网址	http://www.scpph.com
E-mail	scrmcbs@sina.com
新浪微博	@四川人民出版社
微信公众号	四川人民出版社
发行部业务电话	(028)86361653 86361656
防盗版举报电话	(028)86361653
照排	天津星文文化传播有限公司
印刷	北京盛通印刷股份有限公司
成品尺寸	145mm×210mm
印张	6
字数	110千
版次	2022年12月第1版
印次	2022年12月第1次印刷
书号	ISBN 978-7-220-12890-5
定价	49.80元

■版权所有·侵权必究

本书若出现印装质量问题,请与我社发行部联系调换
电话:(028)86361656

目 录

序　言

第一章　今天也要去见杀人犯

☐ 案件 1　小儿子为何会对母亲和哥哥痛下杀手　_007

☐ 案件 2　令人唏嘘的虐童案　_028

☐ 案件 3　幻想自己是《楚门的世界》的主角的年轻人　_052

第二章　犯罪侧写师是善于倾听的人

- 我是犯罪侧写师　　　　　　　　　　　_069
- 何为犯罪侧写　　　　　　　　　　　　_080
- 寻找罪犯的痕迹　　　　　　　　　　　_082
- 对犯罪侧写师的误解及真相　　　　　　_093
- 犯罪侧写师发光发热的时间　　　　　　_097
- 如果你也想成为犯罪侧写师　　　　　　_101
- 冷静与热情之间　　　　　　　　　　　_103
- 最重要的是善于倾听　　　　　　　　　_107

☐ 照拂人心的工作不会被取代　　　　　　　　　　　_112

第三章　案件是社会的素颜

☐ 案件折射出的社会　　　　　　　　　　　　　　_119

☐ 最后的港湾也不复存在——家庭内部犯罪　　　　_123

☐ 心灵受伤之人不断增多——精神疾病引发的犯罪　_138

☐ 孤独与愤怒的爆发——随机犯罪　　　　　　　　_141

☐ 我的爱就是你的爱——约会暴力　　　　　　　　_145

☐ 家庭与情感是症结所在　　　　　　　　　　　　_148

第四章　无论如何都不要放弃的事

- 所谓精神变态的困境　_163
- 儿童期至关重要　_171
- 能习得恶，必能习得善　_176
- 爱是永远的灵药　_178
- 缺乏幸福回忆的人们　_181
- 无论如何都不要放弃的事　_184

序　言

　　我在35岁这样大的年纪才考上警察公务员，虽说是个好消息，但考虑到照顾孩子的种种，实在开心不起来。那时我家老大（大儿子）已经上了小学，而老二（二女儿）还在上幼儿园。一想到要撇下他们兄妹二人接受为期6个月的培训，我不由得有些茫然。要不是丈夫和我的妈妈从旁帮衬，我怕是鼓不起那份勇气。

　　在职的女性生下孩子后，由自家母亲或婆婆前来照看的情况屡见不鲜，不过，这只是女人难为女人无数事例中的一例。然而，我不能烦恼太久，还得快刀斩乱麻才对。纠结再三，我还是把情况告诉了妈妈，那晚我歉疚得难以入眠。看我唉声叹气、辗转反侧，丈夫鼓励我说，他也会帮忙照看孩子，让我大可放心。多亏了他们，我才得以顺利入职参训。

　　现代社会，人类的平均寿命延长，因此在恋爱、结婚等方面所对应的适龄期都有所调整。不过，二三十年前，社会的共识还停留在大部分女人会在 30 岁之前结婚，甚至许多人有了孩子就告别了职场。而当时的我已经 35 岁，还做了两个孩子的妈，算是占尽了劣势。

然而，决心可战胜天意，当我凭实力一举通过犯罪分析官考试①后，后续的很多事都迎刃而解了。假如当年我抱着"就算考上了，这路也不好走"的想法，压根不去尝试，那现在这个机会永远都落不到我手中。倘若你自己都踌躇不前、畏畏缩缩，那身边人也会犹豫不决，不敢向你施以援手。相反，如果你心如磐石，那身边人的态度也会有所变化。

所谓"专家"，不是别人随便赋予我的头衔，我愿称之为褒奖。当你在充满吸引力的领域不断奋力挑战，这份褒奖自会随之而来。最近有电视剧和电影的编剧找到我，想采访我，这一切既让我感到新奇，又让我十分欣慰，这证明我在努力生活。

有时候我也会感到无比孤独，仿佛天地之间独留我一人。但当我垂头丧气时，再抬头发现又有无数的申请者想要进入这个行业，又觉得这一切实在值得感恩。那么多前人后辈、同事朋友，还有丈夫和孩子们都是支持我的。

---

① 犯罪分析官考试：韩国官方组织的犯罪侧写师招聘考试。

我是大龄起步的，相比已经逝去的时光，未来可投入工作的时间相对短暂。正因如此，我就更想铆足了劲儿工作。所幸的是，和之前相比，现在的工作环境及育儿环境都改善了不少，因此我想比受制于育儿问题的后来者们更努力一点儿，好助他们一臂之力。我要毫无保留地向他们传授经验，同时不断向热情睿智的后辈们学习，一同为拓宽犯罪侧写工作的广度贡献一份力量。

每当广域分析的工作确定下来，我都比平时更加注重饮食的健康。犯罪侧写师常要分析案情到深夜，要是我因为年龄大，总先人一步喊累，多少会让后辈们有些泄气，因此保持体力也算是我的义务。

各位读者朋友们，我想告诉大家的是，万事不怕晚，哪怕从此刻开始，我们都能全然去挑战任何事。我相信各位一定都比我更优秀，我们自己要有这种信念。如果你是一个低自尊的人，总想着"为什么只有我在恶劣的环境中踽踽独行呢？"，想自暴自弃，我建议你可以每天对着镜子念念"咒语"："我真棒，我都能做得到！"久而久之，就会有魔法般的事情发生。

假如自己都无法尊重自己，那还会有谁尊重你呢？所以，在读我这多少有些粗陋的文字时，再多一份勇气吧！同时希望你们能产生这种想法："连这种人都能成功，我又何尝不能呢？"祝愿你们能多一些自信，相信只要自己下定决心，万事皆可行。我真切地希望，当你合上这本书时，能由衷地认为自己是美好的存在。书中的案例均来自我的亲身经历，为保护个人隐私，我对其中的部分内容进行了曲笔处理。

最后，我想衷心感谢所有给予我勇气写书的人：替我费心处理琐事的姐姐和弟弟、帮我承担家务活的可爱的女儿、目前正在海兵队服役的快乐大男孩——我的儿子、永远的爱人——我的伴侣，以及此刻仍在与各类案件斗智斗勇的侧写师同僚们，请你们接受我诚挚的谢意。

第一章

今天也要去见杀人犯

合理惩罚有罪之人，不让无辜的人蒙冤，使案件真相大白，让犯罪的人站在法庭上接受审判。我觉得，这就是犯罪侧写师的责任。

 **案件 1**
小儿子为何会对母亲和哥哥痛下杀手

有一天我接到通知,称一起原为家中次子报警家人失踪的案子,现已转为重大刑事案件。接警后我迅速赶到了现场。本案一共有两人失踪,分别是报警人的母亲和大哥。小儿子比哥哥结婚早,已搬出去自立门户。我去的是报警人的母亲和哥哥的家。与母亲失去联系并申报失踪后,小儿子先是往返于自家与母亲家之间,后来因为弄不准母亲何时会回来,因此最近除了外出工作以外,剩余时间都留在母亲家中等候,几乎是住在了这所房子里。

现场在大学路附近,位于一栋三层的多居室住宅楼内,其中一楼和二楼的房间都租给了附近的大学生,失踪人员之前就住在三楼。长子，也就是报案人的大哥，每天开私家车往返首尔通勤。

虽然目前警察系统内已建立起广域科学侦查①体系，但在当时，地方厅与各地警察局之间的科学侦查部门还是两个独立的系统，因此警察在局里接到警情后，常要与地方厅科学侦查部门中负责现场勘查的同事一起跑现场。对我们来说，大半夜接到发生杀人案的通知，从睡梦中爬起来出警早已是家常便饭。而接下来的这个案子，在接案时被认定为失踪，后来性质才转为谋杀，因此不需要我们分秒必争地赶往案发现场。

科学侦查员抵达现场后的第一件事就是要通过拍摄视频和照片，详细记录下现场的内外部环境。除了有时在具体勘查时再补拍一些照片外，还会对案件现场进行整体拍摄，这对还原现场环境至关重要。因此我刚接到调令学习现场勘查时，也曾负责过拍摄视频和照片及对案件现场进行绘制。

当负责现场勘查的科学侦查员开始勘查时，我就负责观察建筑物周边的道路形态、分析可能进入建筑物的方法以及凶手留下的痕迹等。

---

① 广域科学侦查：指韩国警方可针对复杂案件联合多辖区、多层级、多种技术侦查警察共同开展调查的工作机制。

挂历上被圈出的数字

说来也怪，明明家里的边边角角都勘查了个遍，可除了客厅里散落着几样东西、电脑主机被挪出来了之外，没发现其他活动痕迹。室内虽然看似杂乱，但并未发现遭外人入侵或有长期外出前收拾过的迹象。报警人的母亲平时出门必带的包、钱夹、手机都在原位，大儿子的代步车也原封不动地停在家中。两个大活人同时失踪，这太奇怪了，而且他们平时常用的物品也都在原位，案情越发扑朔迷离。

然而，有一处疑点令我耿耿于怀，就是在客厅墙壁的挂历上，数字"15"被圈了出来。既然在日历上做了标记，那天就一定存在某种意义，可日期旁边并未备注。15日，正是次子报案称其母亲和大哥失踪的日子，据说这个圈是他画的。他何必非要用一个醒目的蓝圈标出母亲和大哥失踪的日子呢？我想不通，一起出警的同事认为"倒也正常"，可我就是觉得不对劲，于是让现场勘查的侦查员给那本日历也拍了照。

随后，我们暂且把这"干净"得可疑的现场和面露异色的小儿子抛之脑后，科学侦查员开始对客厅、厨房、浴室、卧室等地进行勘查，我则开始辅助勘查人员绘制现场简图、拍摄细节视频、仔细排查现场内部。在第一轮勘查中，失踪和死亡两种可能性均在我们的考虑范围内，但在对现场进行细致的勘验后，仍未发现能明确指向其中一种可能性的证据。

还有一个疑点，就是我们一进门就闻到的浓烈的消毒水味，走到浴室后消毒水的气味更加刺鼻。我们虽然觉得可疑，但并未发现什么。于是第一轮勘查工作结束后，我们便收队回到地方厅。报警人的母亲和大哥消失得无影无踪，假设这起案件已演变为杀人案，那现场必定会留下某种痕迹。同时，小儿子在现场的表情和态度都令我难以释然，于是我便重新翻看起现场拍摄的视频和照片。

就算现场没留下显眼的证据，也一定会留有与案件相关的痕迹。出于这一点，在现场勘查过程中科学侦查员心中时刻都记着艾德蒙·罗卡①的话："凡有接触，必留痕迹。"此次案件的侦查方向为何会由失踪转为谋杀？我搜集了相关资料，在此基础上开始重新分析案情。

几天后，警察局的重案组与地方厅广域侦查队的刑警们成立了联合侦办组，我也以犯罪侧写师的身份进了组。自此，我只偶

---

① 艾德蒙·罗卡（Edmond Locard）：法国犯罪学家，又被誉为"现代法证学的开山大师""法国的夏洛克·福尔摩斯"。——译者注

尔回一趟地方厅,其余大部分时间都在警察局的侦办组里。我把现场勘查资料、搜查收缴回来的资料和数字取证①资料,全都研究了一遍。

报警人的母亲和哥哥回到家后再无外出的记录,从不缺勤的大哥自15日之后连招呼都没打,便再也没去上过班。但奇怪的是,警方发现大哥此前驾驶的汽车有过移动记录。我就这样日复一日地梳理着搜集到的侦查资料,同侦办组夜以继日地开会探讨案情,不断缩小嫌疑人的范围,一步步接近案情的真相。利用监控分析和走访调查,小儿子夫妇的一些可疑表现不断浮出水面,引起了警方的注意。

科学的证据使猜想得到验证

在摸排车辆行驶路线的过程中,警方在通往江原道方向的收费站发票上检出了小儿子的指纹。这一刻,科学的证据验证了我的怀疑,但我们仍找不到失踪人员的踪迹。案件的性质不是失踪

---

① 数字取证(Digital Forensics):犯罪调查过程中搜集和分析科学证据的技法之一,通过搜集和分析各种数据、通话记录、邮箱登录记录等情报寻找与犯罪行为相关的固定证据。——译者注

而是谋杀,这一怀疑已基本得到了验证;但眼下只有找到尸体,真相才可能大白于天下。即使发票上检出了小儿子的指纹,可他依然在隐瞒曾驾驶私家车外出的事实。虽然从某种意义上来说,拿到确切的虚假陈述反倒有利于破案①,但终究还是要找到被害人的踪迹才行。

科学侦查员开始了第二轮勘查,我也在现场一同参与调查。我们又把每个角落都地毯式勘查了一遍,还是没发现任何痕迹。最后我们把厨房水槽、洗脸池、马桶全都拆了下来,用下水道专用的管道内视镜摄像头观察内部的情况。由于负责现场勘查的科学侦查员接触不到所有细节的侦查资料,在这种情况下,犯罪侧写师会一同在勘查现场,便于随时与他们交换意见,探讨哪些地方还需要进一步采取更加精密的侦查手段。这个过程至关重要。所有工作都需要多方沟通后逐步进行。两个大活人凭空消失却找不出任何痕迹,我们必须做最坏的打算。考虑到可能会发现血迹或人体组织,我们才使用了管道内视镜。

但即便如此,我们还是没能找到可疑的证物。最后,上面指

---

① 嫌疑人编造出冗长的虚假陈述后,反而会被自己的说法束缚,出现前后矛盾的破绽。因此,警方获取确切的虚假陈述后,有时反倒让嫌疑人主动自首、交代犯罪经过。

示我们去检查化粪池。和侦办组讨论后，我们认为浴室的消毒水味可能是毁损尸体后留下的，如果下水道查不出任何痕迹，很有可能尸体通过马桶排进了化粪池。

搜索化粪池是我们最后的选择。当时正处于酷暑未消的夏季，我们要做的可不是简单地观察化粪池的情况，而是要在化粪池里找出痕迹。也就是说，我们得叫几辆化粪池清洁车到现场，把池子里的污水全部抽到车里，再一一对污物进行分析确认。于是，我们在入水口处设置了一层像蚊帐一样密织的拦网，目不转睛地观察进水的情况。这个任务无论是对有十多年勘查经验的科学侦查员而言，还是对不得不目睹这一切的我来说，都绝非易事。

刺鼻的恶臭也就罢了，大量有毒气体在空气中弥漫开来，加上满身的大汗，实在不好受。我好歹也跑过不少尸体高度腐烂的命案现场，本案现场的惨烈程度绝不亚于此。这弄得大家一口水都咽不下去，但大家都迫切地想找到可能遗留在现场的证据，因此没有一个人撂挑子。我们把污水抽了排、排了抽，来来回回筛了好几遍，结果只捞上来无数的烟头、塑料袋等垃圾，没发现任何人体组织的可疑物。

一般来说，在挖被掩埋的尸体的时候，如果太饿，还能临时停下来喝口水或啃两口面包；可在勘查化粪池时，大家都是强忍着恶心在坚持,送到现场来的冰水、饮料,还有冰激凌,都着实令人无法下咽,包括我在内,在场的每一个人都毫无食欲。

犯罪侧写师出手

纵然是查到这个地步,还是没能发现确凿证据,这就需要我这个犯罪侧写师出手了。通过此前的排查,我们已经可以充分证明失踪的两人与重大刑事案件有关了。警方苦恼着是否要将这起无尸谋杀案移交出去的同时,仍在竭尽全力地搜寻尸体的下落。我们发现,平时靠骑摩托送快递谋生的小儿子曾购买过腌冬储泡菜用的大面积塑料布,还在现场附近的小超市里购买过消毒水等物品。另外,对小儿子夫妻家中常用的电脑和手机进行数字取证后发现,他们曾多次搜索过与《想知道真相》[1]《令人好奇的故事Y》[2]等节目中的案件相关的资料。

---

[1] 《想知道真相》:韩国SBS电视台自1992年3月开播至今的老牌深度调查类节目,内容聚焦社会、宗教、悬案等领域的问题,通过深入地采访相关方,试图还原事件真相,在韩国社会具有较高的知名度。——译者注

[2] 《令人好奇的故事Y》:韩国SBS电视台于2009年推出的解密型节目,针对观众最为好奇的新闻话题、人物等内容,通过实地探访拍摄相关人、事、物,以引人入胜的方式向观众讲述其中缘由。——译者注

首先，我请侦查员要求眼下的头号可疑目标——小儿子亲笔撰写陈述材料。既然没有物证，那就要利用心理证据来刺激他的心理。虽然我们应该找到尸体或嫌疑人毁尸的证据，可既然现在一无所获，就只能揪出他心理上的纰漏。于是，在拿到他五页纸的陈述后，我开始逐字逐句地分析内容，不出所料，发现了他撒谎的迹象，诸多方面都反映出他并不是一个诚实的陈述者；同时，我也在此基础上找到了值得进一步追查的线索。哪怕是再冷血无情的人，也不可能在弑母杀兄后还能心安理得地过日子。

然而，似乎对此已有预判的小儿子在接受调查时比我想象中还要淡定得多，他既像接受着某个人的指令，又像在拿着写好的剧本说台词，只陈述既定情况。看来，仅凭常规的侦查手段怕是难以攻破小儿子的心理防线了。在此期间，小儿子与妻子之间收发的即时通信聊天记录等数字取证结果也出来了。分析此类结果也是犯罪侧写师的工作。惊人的是，从最初策划犯罪到具体作案方法的制订，全部都在两人的对话中暴露无遗。尽管还不能确定他们是否完全按计划行事，但这段对话显然不能轻视。我必须将其中涉及的所有书籍、电视节目找出来——确认，这个分析量绝非凭一己之力就能完成。

警方还从小儿子夫妇家搜到一批书，其中有几本是我作为犯罪侧写师平时饶有兴趣读过的。领导要求我们把这些书全买回来，找出其中所有可能成为线索的内容。当时的我很想说，分析完所有的书和电视节目是不可能完成的任务。但转念一想，说不定真能从中找到头绪呢。再者，目前我们已掌握了大儿子汽车的行驶记录，发票上的指纹也证明小儿子曾驶出收费站。但仅凭这些仍然无法锁定抛尸的具体地点，如此一来，我们已别无他法。

把所有书都买回来后，我和侦办组的成员一起读了又读，彼此交换意见，将有价值、可作为参考的内容全部整理出来，然后分析大家写在便笺上的内容与案件是否存在关联。我们还观察了小儿子和妻子每次接受调查时的情况，开始制订审讯策略。他们在被问及什么内容的时候表情有变化，什么情况下会尝试转移话题，撒谎会有哪些表现……我都一条条记录了下来。由此我得出结论，打感情牌这种策略绝对击溃不了小儿子的心理防线。同时，随着调查的不断深入，我发现他其实十分依赖自己的妻子。

真正的智囊是小儿媳

事到如今，案情进展提示我有必要将小儿子和小儿媳分开，开展双轨调查，尤其需要跟小儿媳谈一谈，于是我开始不露声色地创造对话机会。迄今为止，小儿媳始终坚持自己与本案无关，浑然不知自己也成了怀疑对象。她跟我说，犯罪侧写师是她的梦想，还向我详细咨询如何才能成为犯罪侧写师，与我分享她平时出于兴趣关注的书籍和电视节目。

不知她是否真的对犯罪侧写师感兴趣，她很爱看《想知道真相》《令人好奇的故事Y》这类涉及破案题材的电视节目，也买了这方面的书在阅读。但纵使兴趣浓厚，她还是不大清楚韩国的犯罪侧写师这个职业具体要做什么。因此，比起男警官，她对我这个同性显得友善得多，我们在相对轻松的氛围中交流了不少。相处的时间久了，我们谈天说地，她不经意间就说出了许多本不该透露的事。虽说这都是后话，但她就是在这个过程中，暴露了他们将书中或电视节目中令人印象深刻的场景，照搬到了此次作案过程中的事实。

我装作若无其事，听她说话，也会回答一些问题来满足她的好奇心，就这样我越聊越确信，所有计划都是小儿媳一手策划的。她在本案中充当着智囊的作用，只要她不下指令、不做决定，小儿子就绝不会交代与案情相关的任何内容。进而我们得出结论，现在谈话的重点对象以及掌握案件关键线索的人，其实是小儿子的妻子。

那段时间，我和她一起吃饭、喝茶，甚至连上卫生间都结伴而行，相处时间很长。虽然她反复强调自己与案件无关，但想必她心乱如麻，又因为心中怀着对犯罪侧写师这个职业的好奇，所以不得不表现出配合工作的姿态。我也一样，明知她极有可能是这个案子的背后主谋，还要向她倾诉办案的艰辛，给她安慰，放低姿态请她多多协助。

斩断小儿子与妻子间的心理纽带

在小儿子接受调查的这段时间，还有小儿媳每次来警察局接受知情人调查时，我都会跟她讲我自己对案件的一些看法，不断向她透露一些"内情"，说她丈夫大概很难从本案中全身而退了。之所以这么做，是因为我相信只有她选择彻底抛弃丈夫，开始绞尽脑汁为自己寻出路时，才会透露出一些线索，好让我们找到尸体所在之处。同时，只有小儿子认为出谋划策的妻子背叛了自己，他的内心也才会有所动摇。此前，我们一直在绞尽脑汁地思考，他们究竟为何要同时杀害自己的母亲和大哥，最终结论是二人时常出入位于旌善①的赌场，这应该是一起以夺取财产为目

---

① 旌善：韩国江原道城市，北临江陵市，南接宁越郡。——译者注

的的抢劫杀人案。

一旦小儿子脱身乏术，小儿媳便会独吞财产，所以我们必须不断利用这一形势刺激小儿子的心理。另外，我也向小儿媳解释道，只有在找到尸体、顺利结案之后，才能进入财产清算的环节，无论多不起眼，任何反常或可疑的细节都请务必告知我们。要知道，她之前可口口声声称自己对丈夫做了什么、为何会出现如今的局面毫不知情。

也许是我的话有一定的说服力，她突然愿意接受催眠讯问①，想要把所有能记起来的事情都告诉我们。尽管现在我已经完成了司法催眠调查官的培训，但当时我只在犯罪分析培训中听过一两个小时的课，并未深入了解过这个领域，因此十分苦恼，不知该如何应对。但我转念一想，她万一是想借催眠讯问交代些什么呢。如此一来，我可没时间去跑正式流程了。于是，我当机立断地说："可以进行催眠讯问，只要你同意，当下就可以进行。"她欣然接受，我便借了一间空办公室，开始了催眠讯问。

我本应安排对象坐在一把类似沙发躺椅般舒适的椅子上，但

---

① 催眠讯问：又称催眠术讯问法。即对被审讯对象施用催眠术，使其处于游眠状态，失去其意志，一切均受施术者的支配与暗示。此讯问法不符合中国刑事诉讼法律规定，因此在中国不予使用。——译者注

事出突然，很难打造出那般完美的环境。尽管只有普通沙发，我还是让她尽量放松，找一个舒服的坐姿，我尽全力调动起培训时的记忆，开始引导她进入催眠状态：

"来，请闭上眼睛。把所有的注意力都放在我的声音上，试想全身上下逐渐放松。好，请把所有注意力转移到眉心处，深吸一口气，'呼'，长长地呼出，想象所有的力量都从眉心处退去……接下来，再睁开眼，你就能想起所有的事情了，一、二、三！"

催眠过程可谓是漏洞百出，但小儿媳醒来后确实回想起自己在半梦半醒之下，曾与丈夫驱车外出的经历，还交代了当时的目的地和预想中尸体所在地的一些情况，甚至画出了示意图。虽然无法认定这些信息的准确性，但我不可无视。

与杀人犯同寝

与侦办组开会讨论后，我们决定第二天带小儿媳一同前去寻找尸体。因为这个案子受到媒体的高度关注，所以我们必须一大早就出发，才能躲过媒体的围追堵截。毕竟能否顺利找到尸体还是个未知数，自然不适合惊动媒体。

但问题又来了，小儿媳有服用安眠药入睡的习惯，没有把握一大早能起来。我们建议她可以去娘家睡，请家里人叫她起床，但她坚持要回自己家休息。既然不能放她一个人回去，那就意味着必须得有人陪她一起睡。当事人同意这个方案，但由于不能排除小儿子在案发现场被她喂食了安眠药，她家里并不安全，因此我们之中没有人贸然请缨。

侦查员虽然没有明说，但我能感觉得到大家的目光都纷纷落在了我身上。我也认识到自己已经无路可退——毕竟是我主张进行催眠的，无论以何种形式，都理应对接下来的情况负责。考虑到自从侦查战线拉长后，我就经常回不了家，也就没必要再跟家人细说，而且如果说了他们就一定会反对。我只告诉丈夫和孩子们，侦查工作还在继续，今天怕是回不了家了，然后决定陪小儿媳回家休息，负责明天一大早叫醒她，再带来局里配合工作。

侦办组说在门口安排了刑警值守，让我不必太担心，可我的内心依然忐忑。如果她递给我一杯咖啡或果汁，出于此前积累的信任，我也不好直接开口拒绝。但凡她在饮料里兑了安眠药，我就绝对无法自保。现在想想，那时的情形真是惊险万分。

小儿子夫妇的家其实就是一个单间，房间一头摆着一张床垫。他们养了两只猫，屋里到处都是猫毛。看到陌生人进门后，两只猫就总在我身边徘徊，对于我这个从没养过任何动物的人来说，这实在是尴尬。

前往江原道寻找尸体

那一夜，我几乎没合眼。天色微亮，我就把熟睡中的小儿媳叫醒，帮她穿好衣服，连背带拽地把她送上前往江原道的车。谁知一到现场，她的态度就发生了一百八十度大转弯。我不住地好言相劝，让她再好好想想尸体究竟在哪儿，她却不断重复着"我想不起来了""我的头好痛"之类的托词。不过警方也算有所收获，我们所到之处是她丈夫的外婆家，她丈夫对周边十分熟悉，之前夫妻俩还曾一起来此处野营。

尽管仍然无法锁定精确地点，但也不能空手而归，我们总得做些什么。于是我们从五金店买了镰刀和除草机，开始在她首次指认的地方开展除草工作。那时我作为犯罪侧写师，陷入了左右为难的境地：地点尚不确定，可话已经说了出去，又不能直接放弃；要求必须搜查，但万一找不到直指案情的确凿证据，想必会辜负吃苦受累的侦查员。

记得之前也有一次，我说必须要找抽水机把硕大的蓄水池里的水抽干，结果除了鱼之外什么都没找到，着实让我在大家面前抬不起头来。这次也实属无奈，夏天草木茂盛，不修剪一下实在难以发现特别的痕迹。侦查员一直搜查到天黑时分，依然一无所获，于是大家决定留一部分侦查员在现场，其他人先行撤离。我和小儿媳一同返回警察局，决定第二天进行面谈，其他人在原地再搜几天。眼下只能竭尽全力，我心中满是愧疚和不知该如何推进侦查的难堪。

在查案过程中，时不时就会遭遇类似的情况，你必须做出艰难的抉择。本案是需要除草，在其他案件中，我甚至还遇到过请挖土机在可能的尸体所在地挖了许久的情况。在成立专案组的案子中，大部分专案组都会配有犯罪侧写师，犯罪侧写师经常被要求在每天的调查推进会上发表意见。

全国的犯罪侧写师在工作过程中都需要经过谈话和分析，再利用科学犯罪分析系统（Scientific Crime Analysis System，缩写为SCAS）收录的各种数据、搜集来的调查资料及科学证据等进行综合分析，梳理出还需进一步开展调查的部分。有时犯罪侧写师提出的待查事项会被纳入实际调查工作内容，这种情况下，即便不是犯罪侧写师个人的责任，也总有需要为自己的决策负责的时候。就像上文中提到的兴师动众的蓄水池事件，我认为必须要对蓄水池进行搜查，这条意见也被专案组采纳了，但等水都被抽干了还是没发现尸体，我现在想起脸上还是火辣辣的。更别提当时在现场旁观，我的内心是多么煎熬。勘查结束后，我恨不得找个地缝钻进去。直至今日，那种感觉还鲜活如初。

二入江原道发现尸体

几十个警员继续在酷暑中坚持除草的同时，我再次找小儿媳进行面谈。她连示意图都画得出来，无论怎样我都必须让她老实交代一切。现在可以确定的是，小儿媳很想尽快从案件中全身而退，对她而言，要在现场直接指认抛尸地点的确面临着较大的心理压力。我需要做的，就是激励她重新鼓起勇气。

所幸，她愿意再去一次现场！几天后，我们再次前往江原道，抵达目的地时，艳阳高照。为找到她指认的新地点，大家东奔西走了好一阵，我一直陪在她身边。几十名警员在附近的草丛中不停地翻找着。这时，远处传来一声"在这里"，我们终于发现了一具尸体。在人迹罕至但距离平地并不远的草丛中，警察找到了母亲的尸体。搜查途中小儿媳也接近过抛尸点，但她可能鉴于自己曾交代过当时并未下车，没有直接提供准确位置，而是寄希望于侦办组能主动发现。

在她的协助下，我们也找到了另一具尸体。那一刻我对她既有感激，也有后怕。酷暑时节，将近一个月过去，大儿子的尸体腐坏程度严重，已近乎毁损状态。两名被害人的尸体在不同的地方被发现，如非共犯绝不可能知情，也绝不是服用了安眠药、只待在车里的人能知晓的。小儿媳认为，在我的劝说下她协助了调查，就可以从案件中脱身。事已至此，她的身份不得不发生转换，变为案件嫌疑人。

她怨恨我也是情理之中，但考虑到被害人，我理所当然地选择揭露真相。如果从人性的角度思考究竟是什么原因使她堕落至此，难免会对其产生一丝恻隐之心。但即便如此，犯罪就应接受惩罚。通过前期调查，警方已掌握了大量她与丈夫共谋犯罪的情况和证据，之所以没有立即将其指定为嫌疑人共同立案，只是考虑到一旦这么做恐怕就无法找到尸体罢了。

小儿媳之前一直认为只要找到尸体，这一切便尘埃落定。但此时她的直觉告诉她，事情的走向已经偏离了她的预知。于是她反复问我："是不是完事了？接下来我会怎么样？我真的什么都不知道。"而我，一句话都答不上来。侦办组通知她，第二天早上10点前来一趟警察局，她虽然心中觉得蹊跷，但还是应允下来，然后回了家。

第二天一早，我接到电话，说她没有现身，家里也没有动静……过了约定的时间，她依然没有出现，我拨通她的电话，却没有人接听。当我们赶去她家时，她已经做出了极端的选择。

小儿子的自白

警方找到尸体后，小儿子供述了杀害母亲和大哥的全部过程，并坦白自己是与妻子共同策划并实施的。之前绝不开口的他在得知警方是在妻子的协助下找到尸体后，渐渐卸下了心防。警方还给他看了从他母亲家中搜获的相册，里面有一张他幼时的全家福，可能从那时起他的心理防线就出现了松动。妻子不知道丈夫都交代了什么内容，对侦办组拟将其从知情人转为嫌疑人的意图也并不知晓。她之所以选择自杀，应该是认识到自己已无法从案件中脱身的事实了。

从案件调查初期到找到尸体，我都曾与她近距离接触，因此在她死后，我接受了监察的调查。即使已经破案，监察组还是按程序追问我在调查过程中是否存在处理不当的情况。整个调查过程的气氛相当严肃。通过这次经历，我也略能体会那些在拘留所或陈述录像室中见到的犯罪嫌疑人的心情了。

小儿子的妻子做出极端的选择，其实也对我造成了不小的打击。从人性角度来说，她也想成为犯罪侧写师，并对我表现出亲近；从案件角度来说，我的工作是要让她站在法庭上承认自己的错误。在她的身份发生变化后，我还有许多话要与她沟通，有很多问题要问、要从她那里得到答案。比如：她从出生到案发的经历，是什么使她产生了利用丈夫侵占婆婆财产的念头？从何时开始策划犯罪？在和我相处的过程中有过何种想法？等等。能找到被害人的尸体实属不幸中的万幸，但现在想来，这个案子还是留下了不少遗憾。

参与的案件多了，我尽量不让相关记忆在心中留存太久。但这个案子，我至今还会不时想起。

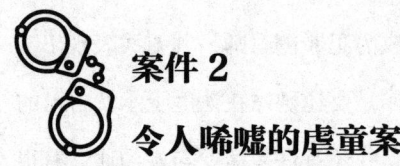

案件 2
令人唏嘘的虐童案

一涉及虐童案,想在第一案发现场确认细节绝非易事。因为被害人大多是长期遭受暴力或虐待而最终死亡,所以不能仅凭现场勘查来判断案件的来龙去脉。况且在很多情况下,嫌疑人还会先将现场收拾得一尘不染,再送孩子去医院或报警,因此警方很难通过案发现场来还原案件真相。

每每说起下面这个案件,我都不由得先长叹一声。我们时不时就会遇到一些在电视剧或电影中都很难见到的难以想象的事,有些甚至让人想不通世间怎会有如此奇事发生,尤其当被害人还是儿童时,则更加令人百思不得其解。本案的被害人就是一个刚满三周岁的孩子，正当童言童语、讨人喜欢的年纪，是一个本该集万千宠爱于一身的孩子。

周末，我从新闻上得知发生了虐童致死案，早上一上班就拨通了该案侦办组的电话。案件发生后，大多由负责该案的侦办组主动向我所在的部门申请案件分析。但如果嫌疑人自首或当场被抓获，我们在查阅逮捕报告后，认为有必要谈话或判断案件较为重要，也可反向征求侦办组的意见。了解过案情后，我认为此案嫌疑人的自首经过较为可疑，案件又涉及儿童，有必要在移交前见一见嫌疑人，于是我就联系了案件负责人。负责人接到电话后表示，他与我的意见不谋而合，也认为需要进行谈话。

主要嫌疑人是孩子的母亲，孩子跟妈妈姓，大概是单亲妈妈独自生养了孩子。父母两人合力养育一个孩子尚且吃力，身为单亲妈妈的她想必有难言之隐。但即便如此，也绝不能以此来合理化孩子的死亡，于是我下决心，要做好缜密细致的准备后再去与她谈话。

此次共拘捕了两名嫌疑人，在协调好各方日程后，我先拿到了第一轮整编好的案件侦查记录。针对孩子的死亡，二人的陈述相互矛盾，我必须准确判别究竟哪份陈述是属实的。只有这样，才能为这个生命还没能绽放就已凋落的孩子申冤。他们曾在多个地点对孩子施暴，且施暴历史较久，孩子的致死现场也已被整理过，我只能通过警方首次出警时在现场拍摄的照片和孩子尸体的照片来开展案情分析。

虽说成年人遭受侵害的案件令人扼腕，但一旦牵扯到孩子，这份痛苦总会更甚。在本案提供的照片中，孩子遍体鳞伤的情况令人惨不忍睹：从头到脚布满淤青，脸上也是伤痕累累的，甚至难以在全身找到一块完好的地方。不知道是撞到了头，还是磕到了眼睛，孩子的眼眶青紫，上下嘴唇更是全部坏死。

孩子的死亡时间不长，但上下唇部位却都已坏死，针对这一疑点，我咨询了验尸官①的意见。对方表示出于故意伤害等原因，嘴唇反复受伤却没有及时上药或使用抗生素积极进行治疗，或长期放任不管，就会出现这种情况。

之后我通过谈话才了解到，孩子不愿吃饭，嫌疑人就把食物硬塞进她嘴里，并且一直集中殴打孩子的口鼻附近，孩子嘴唇就出现了伤口；给孩子上药，孩子嫌疼四处躲闪。嫌疑人觉得去医院又不好解释，于是就这样搁置不管、任其发展了。

---

① 验尸官：对意外死亡的被害人尸体状态进行检查的人员。

涉及四个大人

亲生母亲竟然是嫌疑人之一,这简直令人难以置信;犯罪也不是她一手造成的,足足有四个成年人牵扯其中。我先约见了主要嫌疑人——孩子的母亲。

她讲述了自己的故事:"我认识一个妹妹,之前两家住得很近,高中毕业后我们就失去了联系。最近偶然又联系上了,就恢复了来往。一个月前,我们搬到了一起。2015年的时候,她得肠炎需要住院治疗,说联系不上家人,想要我以姐姐的名义照顾她,于是我就陪她去了医院。快出院的时候,她忧心忡忡的,说自己无处可去。这话刚好被同病房的一个阿姨听见,她说自己以前是学社会福利专业的,家里刚好有一间空房,我们可以去她家里住。当时我自我介绍说,我是她的姐姐,就跟着一起去了那个阿姨家。"

"无论如何你还有家人,怎么可能就这样抛下自己的家,不管不顾地跟着别人走?"我问道。

她回答说:"我上小学前就常被大八岁的哥哥打,被打得流鼻血都是家常便饭,所以每次估摸着快到哥哥回家的时间了,我就赶紧装睡,或者等他彻底睡着了再回家。那时候我也不愿回家,索性就直接离家出走了。只要哥哥在家,我一会儿得给他倒水,一会儿得给他做饭……总之,什么跑腿的事都得干。他心情不好就打我,所以我在家几乎没有留下什么幸福的回忆。"

她也曾向家里的其他人求助过,但父母要是阻拦,哥哥就连父母一起打,她做什么都无济于事。因此她开始在这位阿姨家生活,也自然而然地跟阿姨的儿子熟络了起来。有一天,她得知妹妹和阿姨家的儿子在一起了。

怀孕了,孩子的父亲是谁

"阿姨有一个儿子,和妹妹是同龄人,后来他们成了男女朋友,男孩还曾要求与她发生关系,我完全不知情。他们在一起之后,我跟那个男生也更熟了。后来,妹妹又住院了,家里常常只剩下我们两个人。有一天,我们一起在屋顶上抽烟,下楼的时候我就被他强暴了,呵呵……当时我们下楼,他突然在楼梯间吻了我,那时我也不懂什么叫强暴,就发生了好几次关系。"

我问她,他们之间究竟是有人被"强暴",还是存在单纯的"性关系"。她呆呆地坐了好一阵子,一言不发。

"这事都过去好几年了,我也不太清楚,嘿嘿……"

嫌疑人在高三时被认定为三级智力障碍，一直在领取政府的残疾补贴。每当被问及不好回答的问题，或是发生了一些不大懂的事时，患有智力障碍的嫌疑人总会发笑，这是我至今见过的此类嫌疑人的一大特点。

如果是男方试图与之发生性关系，那她理应认识到这其实是性侵，但看起来，她好像对此毫无概念。其实三级智力障碍对日常生活并不会造成太大影响，在大部分情况下，从外表甚至看不出任何异样。但一旦碰上矛盾或问题，尤其在犯罪情境下，就要另当别论了。

"那段时间我没敢告诉妹妹，中间我又遭遇了几次强暴，但她好像看出了些什么，有次突然问我，'怎么好几个月没来月经了，不会是怀孕了吧？是不是跟哥哥睡过了？'我一直否认，她甚至威胁我说，要是以后被她发现就杀了我。在那之后又过了一个月，我买回验孕棒做了测试，还真出现两条模糊的红线！我不敢肯定，于是又测了一遍，结果还是一样。妹妹提议到附近的保健所[①]看一看，结果一做检查，发现我真的怀孕了。

---

① 保健所：韩国医疗卫生体系中的基层单位，设立在全国各区、市、郡内，提供基础的医疗服务，并承担传染病防治、食品卫生、公共卫生、医学知识科普宣教等职能。——译者注

"发现的时候我已经怀孕5个月了,保健所的医生说胎儿已经长出了手脚,不能做流产了。我这才把一切告诉了男方和他的家人,但他不信,问我有什么证据证明就是他的孩子,还咄咄逼人地说要拉我去做亲子鉴定。

"自那以后,在那个家里我要处处看阿姨的脸色,直到后来再也待不下去了。阿姨原对我有恩,但自从他儿子牵扯其中后,她就不惜对我撂下许多狠话,比如'他说不是他的,你到底什么意思?''管你生不生,随便你!'之类的,甚至还说'孩子生下来就扔给福利院吧!'。之后我们就彻底断了联系,所以我虽然知道孩子的爸爸是谁、住哪里,但他的 Kakao Talk[①]、Facebook[②] 全都已经把我屏蔽了,我没法跟他取得联系。"

到这里,她的证词并没有结束。

在未婚妈妈保护所中实现独立

"我实在不敢告诉我的父母,只跟一个比我大的姐姐说了,她说'虽说这是你的人生,还得你自己拿主意,但目前看来,

---

① Kakao Talk:韩国一款免费的即时聊天软件。——译者注
② Facebook:国外的一款社交软件。——译者注

去投奔未婚妈妈保护机构应该是最好的解决办法了',并帮我打听了几个地方。之前跟我同住的妹妹始终反对我去,我也不懂为什么。眼看着肚子一天天大了起来,我还不知道该怎么办;左思右想之下,我最终还是住进了一家离之前借住地很远的保护所。虽然我打心眼里很想找离家近的地方,但一怕碰见熟人,二怕妹妹总找上门,这样我没法过安生的日子,所以才去了很远的地方。

"生下孩子之后,我在医生的建议下做了曼月乐[①]避孕,并在机构里生活了一年左右,其间我因为太寂寞,还出现了产后抑郁,于是就搬回了离原来住处较近的一家保护所。我在那边一直住到2019年底,2020年2、3月的时候我用攒下来的钱找了一间一居室,带孩子住了进去,自那之后又和妹妹自然而然地联络了起来。"

这些故事看似与案件没有直接联系,但我们犯罪侧写师之所以要听她讲这些陈年往事,是因为大部分犯罪嫌疑人都没有过被倾听的经历。侧写师这么认真地听下去,嫌疑人就常会不由自主地讲出一些之前因忌惮处罚而不敢吐露的真相。

[①] 曼月乐:全名左炔诺孕酮宫内节育系统,通过放置这种宫内节育器实现长效可逆的避孕效果。——译者注

在破案过程中，锁定重大刑事案件的嫌疑人，使其承担罪刑相当的惩罚固然重要，但分析研判其犯罪原因同样至关重要。这既为此后类似案件积累下了颇有价值的历史资料，对制定治安政策实现预防犯罪、发挥社会面作用也十分有必要。从这个意义上来说，嫌疑人交代的内容无一不是重要的。

据嫌疑人换保护所后认识的一位朋友透露，后来她经人介绍又认识了一个男人。

"起初，因为他大我九岁，我不是很满意，但他很疼孩子，我想自己怕是很难再遇到这样的人了，于是就和他在一起了。"

据她交代，没过多久，两人就开始了同居生活。其间，这个男人的朋友时不时会来家里玩。同居的男友、男友的朋友以及之前的妹妹，彼此来往多了，四个人都熟络了起来。

缘分"妙"不可言

最令人生气的是，孩子的妈妈——三级智力障碍，同居的男友——疑似智力障碍，男友的朋友——三级智力障碍，妹妹——正在接受精神科治疗，我实在想不明白怎么会有这样的组合。

当然，我并不是指智力障碍才是问题的关键所在。很多人都知道，三级智力障碍完全不影响日常生活，如果和善良的人一同起居，好好学习社会规则，也可以好好生活下去。因此我想要强调的并不是智力障碍本身，也不是他们四人为什么能成为好友，而是他们无法为彼此带来良性影响，以致最终酿成大错。

"我们四个人本来相处得挺好，结果有一天妹妹说她怀孕了，她男朋友给她很大压力，还打她。她想让我们去她家里教训教训他。他们本来在同居，两人吵了一架后，她男朋友就离家出走了。她说她会把他叫回来，让我们去一趟。所以我们就去她家喝了酒，收拾了她男朋友一顿。结果那个人居然把他女朋友，连同我们，一共四个人都给告了。

"最后只有妹妹去接受了调查，我们其他三个人都没去。她回来说，我们四个人都是被告，她男朋友肯原谅她，可我们三人的问题还没解决，让我们每个人先给他35万韩元的赔偿金，在结案之前先一起住在她家里。因此，直到孩子死去，我们三个轮流为怀孕的妹妹分担家务，大概在她家住了20天。"

读者朋友们，读着这个复杂的故事，不知道您脑海中是否想起了韩国的盐田奴役案[①]？本案中这三人的想法或许也很单纯，

[①] 盐田奴役案：指2014年韩国全罗南道新安郡一盐田中发生的一起恶性案件，两名残疾人被压榨虐待、拖欠工资、限制自由，最终被警方解救。

担心不交赔偿金或者刺激对方都可能会招致更严重的处罚，因此他们只得满足对方的各种要求。他们在此过程中积攒下来的心理压力，说不定就这样全部发泄到孩子身上。

后续所有事件都在他们共同生活后徐徐展开：几人被迫过上了集体生活，彼此推卸责任，只要生气就虐打孩子。孩子本来寄送在24小时托儿所，只在周五晚上接回来，过完周末后周一一大早再送回去。然而，住进妹妹家后外出受限，孩子也没法送往托儿所了，全天都待在他们身边，对孩子施暴的行为也就变得更频繁、更严重了。

"妹妹说，如果负责处理她男友案子的警察要找我们，我们就必须随叫随到，所以即便要出门，也只能去30分钟内能回来的地方。这么一来，我也就不能送孩子去托儿所了。我和妹妹都属于基本生活保障人员，每月领回的补贴可以满足生活支出，妹妹他们家常给她送些小菜和零用钱，因此生活没有太大困难。"被害人的亲生母亲，也就是本案嫌疑人如是说。

四个人都不工作，外出的范围也十分受限，估计积攒的心理压力也让他们不堪重负。虽然她也曾想过，妹妹可能是在撒谎。但男友和他朋友都不想进拘留所，更何况孩子的妈妈的同居男友还处于保护观察①之下，如果再触犯法律估计会被重判。他们怕了，只得乖乖照做。孩子的妈妈补充道："妹妹怀着孕，比平时敏感得多，她发起火来特别吓人，我们谁都不敢吭声。"

竟将好端端的孩子置于死地

孩子主要在吃饭的时候遭到殴打，也就是在她不嚼就咽或不想吃饭的时候，大人在把食物硬塞进孩子嘴里的过程中对孩子施暴。他们常用拳头殴打孩子的嘴和脸蛋，或捶打或拿脚踹她的胸口，有时甚至还用脚踩已经昏倒了的孩子……孩子的母亲如实坦白了自己及妹妹等四人的暴力行径。

"他们用不锈钢拖把杆打过孩子的脸、胳膊和大腿。孩子没有挨打的时候，我无数次逼她把屁股撅起来、头顶地撑着，或者举着胳膊罚站。有时候看他们打得太过分，我会试图阻拦，但这样他们会下手更狠，所以后来我也就不拦了。现在回想起来，我实在是不愿那样生活，内心压力太大，可能不知不觉之中就把压

---

① 保护观察（Protective Supervision）：一种针对确定有罪的罪犯或不良少年制定的社会内优待制度，通过在社会环境下对其进行改造，预防其再次犯罪，可暂时免于在教化机构中服刑。

力都发泄到了孩子身上。"她一边说，一边流下了眼泪。

我问她，妹妹自己也怀着孕，怎么会如此厌恶孩子？

她答："因为这个孩子是我跟她曾经的男友生的，所以她就讨厌她。眼看着孩子越长越像她父亲，我也渐渐开始容不下她了。"

这一切实在是令人愤懑。虽然平时也常听已婚夫妇吐槽，说两人关系不好的时候，看着孩子后脑勺长得像丈夫，都莫名不爽，可即便如此也实在无法理解怎能把尚且年幼、单纯无辜的孩子伤害到如此地步，甚至最终将她置于死地？！

施虐的过程，四个人像是在比谁打得更狠，浑身是伤的孩子就这么渐渐没了生气。

有一天，孩子总是犯蔫，像是睡不醒一样，她把孩子抱进浴室泼凉水，那时孩子残存的一口气也没了。她辩解说，当时真的不知道孩子死了，她并不是不爱她。

"我们四个人都确认过，孩子是真的死了。我们纠结过究竟是送去医院还是打电话报警，最后决定由我——孩子的亲生母亲负责。既然如此，就不能在妹妹家，而应该伪装成死在我家的样子。于是我们一起坐上出租车，他们三人在地铁站附近下了车，我带孩子回了家。等我把家里收拾完，他们假装是在弘大玩完回家的路上接到我的电话，我们再打电话报警。最后还是妹妹打的电话。"

犯罪侧写师不可或缺的理由

难以理解的细节数不胜数，现在是时候再听听妹妹A某的说法了。我想，前面的故事想必令读者的内心压抑不已。但我还是想借此告诉大家，在实际工作中，我们确实几乎每个月都能接到两三起虐童或虐童致死的案件。通过此案，让读者们了解犯罪侧写师的工作内容固然重要，但我更希望大家能够正确理解此类案件中为何需要侧写师的参与。

小小年纪，甚至都没能考虑清楚自己在复杂的利害关系中能否对生命负责，就草草怀上了孩子，这种情况并不少见。然而，出于经济等各种理由，双方无法妥善处理，结果等孩子落地，就相互推卸责任，最终不得不通过福利院让孩子被领养，或是虐待孩子致死，这种事远比你我想象的发生得频繁，涉案人甚至连致死的责任都要相互推卸。这个案件也是一样，孩子的母亲的男友声称自己没有责任，串通其他人，以无责脱罪，最后没有受到任何处罚。

为了不伤害无辜的人，我们必须要遵循无罪推定原则[①]。有人明明没有犯下杀人等罪行，却在服刑数十年后才申请二审。面对这种情况，从事警务工作的我们必须要反省，并更加笃定一定要秉公查案。然而，合理地处罚犯罪之人也是我们执法人员的分内之事，哪怕为了防止再出现同类被害人，我们也必须要使案件真相大白，让犯罪的人站在法庭上接受审判。我觉得，这就是犯罪侧写师的责任。

共犯的辩解

妹妹A某认为，自己应当对孩子的死负责，接受惩罚。她在拘留所里听人说自己可能会被判无期徒刑，于是说自己也有着不幸的童年，本想对孩子好些，结果却成了这样。说着，她给我讲起了自己的过去，仿佛想要激发我的恻隐之心：

"我一出生就被遗弃，进了孤儿院，直到两岁多的时候奶奶找来，我才知道自己并不是孤儿。所幸她看我可怜，把我带回家抚养。我还在娘胎里的时候父母就离婚了，所以两岁之前我从没见过他们。之后，我一直跟着奶奶生活。妈妈每年会来一两次，

[①] 无罪推定原则：任何刑事被告人在法院判定其有罪之前，均视其为无罪。

但跟我也不亲，就算跟妈妈回她家，她也总嫌弃我长得像爸爸，发起火来能毫不避讳地说让我滚出去、死外面算了。

"也许是出于这个原因，上到小学高年级，我就产生了自杀的冲动，常用铅笔刀划自己的手腕。班主任老师曾建议家长带我去精神科接受治疗，可奶奶和妈妈谁都没听进去。之后我就跟坏孩子混在了一起，还离家出走。初三的时候，我被朋友带来的哥哥强暴过三四次。可能因为我四处闯祸吧，又被送去了妈妈的新家，她已经再婚了。我一直在那里上学，上到高二。好在叔叔只有周末回家，我没怎么看过他的脸色，但跟两个同母异父的弟弟、妹妹相处也绝非易事。

"只要我犯一点小错、闹出一点麻烦，妈妈就会对我破口大骂。她不在的时候，哪怕一小会儿，弟弟、妹妹都会学她骂我、折腾我，还偷偷打我。我一直处在这种环境下。高二的时候，我在一群游手好闲的孩子中认识了大我一岁的姐姐（虐童案中孩子的母亲、嫌疑人），这个缘分一直延续到今天。我离开家，又生病住了院，住进了阿姨家，姐姐却在那儿怀了孕。那时起，我就觉得自己也有责任。哪怕咬咬牙、吃吃苦也必须打掉这个孩子，可姐姐她听到孩子的心跳后，倔得说什么都不肯做手术，才发生了现在这种事。"

说着说着，她交代了一些不同于孩子的亲生母亲、主要嫌疑人口径的话：

"孩子还在她肚子里的时候，其实我恨姐姐，也恨这个孩子。我不能接受她跟我的男朋友发生了关系，也不能接受姐姐怀了一个根本不爱她的男人的孩子，所以我也恨这个孩子。我不想让她一个人生养孩子，所以才阻拦她去未婚妈妈保护所。

"后来我们失去了联系，直到孩子快到百天，她才再次联系了我。此后逢年过节，如果她来找我，我们就见一面，就这样往来至今。第一次跟她们娘俩见面的那天，姐姐看起来相当不错，她一个人也把孩子照顾得很好，我觉得特别了不起。那之后我也会给孩子买些衣服、鞋袜、玩具之类的东西，我可喜欢她了。"

她接着说道："当时我也怀孕3个月了，没对孩子下过狠手。虽然跟他们说过我和男友吵完架很痛苦，但我从没有让他们去打他啊！我实在不能理解，姐姐她那么疼爱这个孩子，怎么能把孩子打成那个样子。"

这些陈述与主嫌疑人的说法相矛盾。她说，我可能会觉得她是要让姐姐背黑锅，不会相信她，但她还是想说实话。于是，她给我讲述了另一个故事。

寄生虫同居男

接着,她讲起了那个与孩子的母亲同居的男人的故事。

"那个足足比姐姐大九岁的哥哥,从没自力更生赚过钱,每月都靠姐姐名下的补贴生活。姐姐都不怎么给孩子买衣服或零嘴儿,把钱都花在给他买东西上了。据我所知,家庭援助金、残疾补贴、保育津贴等,零零星星加起来每月大概能领到113万韩元(约合人民币6000元),但他们有时候一两天就全花完了,孩子没东西吃,她还给我打电话借过钱。

"我的性格也不算好,但那个哥哥比我更暴力,平时也总打孩子。孩子之所以会死,姐姐她起到了决定性作用。但那天在她下狠手前,那个男人也拿拖把杆打过孩子。姐姐从外面回来,他还添油加醋地告状,说孩子这不对那不对还不听话,姐姐才动了手。

"听之前同一个保护所里认识的姐姐说,她在那边带孩子的时候也打过孩子,但当时应该是不懂怎么养孩子,并没对孩子下过那么狠的手。自从认识了那个哥哥,她的举止就变得更不讲道理了。那个人也不工作,张口闭口全是在吹牛,一会儿说自己有5亿(韩元)资产,一会儿又变成7亿(韩元)。我虽然没见过,但想必姐姐肯定也被他打过。

"确定孩子已死后,在场的人都惊慌不已、手足无措。在那时,那个哥哥冲我说'报警的话就说全是你这个孕妇干的吧',还说什么'你怀着孕应该会轻判'之类的以及'要不就把尸体带到荒郊野外埋了',几个人七嘴八舌说了好半天,最后决定按照我当时报警的说法,把所有责任都推给姐姐。

"姐姐决定包庇他,应该是念着孩子死掉那天哥哥哭着求她的样子,也可能是怕他将来打击报复。姐姐如果不说实话,别人会觉得只有我在撒谎,所以我直到现在都搞不懂究竟是该如实交代,还是该按他说的全部承认。"

我问她,在接受调查的过程中为什么没有说实话,她答道:"其他三个人都说我是最坏的那个,你让我怎么办?"说着,她的眼泪在眼眶里打转。

这眼泪意味着什么,我的思绪有些复杂。她甘愿受罚,但希望罪罚相适;所谓"哥哥"也是个十足的危险人物,她希望他也能罪有应得,受到相应的处罚。她又说,明明那个哥哥较她有过之而无不及,不懂姐姐怎么能一直说谎包庇他。当初我只听孩子的妈妈讲述,觉得这个妹妹才是罪大恶极,听起来像是她利用这个有智力障碍的妈妈犯下了不可饶恕的罪行。

再会主要嫌疑人

再这样下去,我得不出任何结论。目前只有孩子的母亲和那个妹妹被拘留,并且以目前的情况,我还不能去找未被拘留的同居男,只有再去和孩子的母亲谈一谈。于是,第二天我就去见了她。

两次约见同一个嫌疑人的情况并不多见,除非要取得口供,或者在嫌疑人落网的后续侦办过程中进行调查。但她目前已是被逮捕的案件嫌疑人,与她面谈两次可以说是破了例。一般来说,在嫌疑人落网后,会由案件侦办组对其一一进行审问,做到不留任何疑点,并将其制成调查记录,之后才会有我们与嫌疑人见面的机会。有时案件审理的日程紧张,在移送检察机关前常没有时间留给我们。在这个案子上,如果我缺乏准确判断,就没法写犯罪侧写报告[①],因此我下决心再见她一次。

嫌疑人的长发利落地扎在脑后,她一脸纯真地走到我面前坐下。我问她吃午饭了吗,借机理了理思绪,想着该从何说起。她的脸远不像我想象中那样消瘦了。她说自己吃得好、睡得好,顿时那张脸在我眼中变得丑恶了起来。女儿死了,怎么还能是这样

---

① 犯罪侧写报告:指在提审嫌疑人或分析案件过程中撰写的综合性报告。

一副心安理得的样子？我死死压抑住了内心想要质问她的冲动，向她解释："我这次来，主要是想再确认一下上次我们见面时你有没有隐瞒或撒谎。"她果断地答道："没有。"

我恳切地说："昨天我见了你的那个妹妹A某，这个案子好像还有些情况并不明了。你如果心疼女儿的死，起码不该让她死后还对自己的妈妈心存怨恨吧？我希望你能协助我们的工作，如实交代相关人员的所有情况，让犯罪的人受到惩处。"

这时她才问我，A某是不是提到了她的男友。她说出于我说的这个理由，自己前一天才刚接受了进一步的调查，讲的情况跟之前大同小异。

这点我是知情的，孩子的母亲及其男友都接受了进一步调查，交代的内容跟之前并无较大出入，可我总觉得事实并非如此。我每天一上班都会反复仔细查看现场拍回的孩子的照片，这天去见她之前也不例外。每次看到这些照片，我都会不自觉地对着死去的孩子暗下决心：一定！必须！要查明这个案件的真相！这个孩子从娘胎里开始就不被爱，绝不能让她死后还蒙受冤屈！

她默默地想了好一会儿，开了口："那个……虽然不及我和妹妹打得多，但……哥哥他确实也打过孩子好多次。他毕竟是男人，每次冲着孩子后背一打，孩子都站不住，我经常得去把她扶起来。有时候他说自己是男的，还能打得更狠，还去厨房拿刷奶瓶的刷子打她。但他也不是每天都打，打三天会让她休息两天，然后再打。孩子不好好吃饭，虽然可能也是因为嘴疼吃不下去吧，但只要一吃饭我就打她，哥哥就强行掐住她的下巴逼她咀嚼、揍她。现在想来，当时提出要把孩子带去山上埋掉的人好像也是他。"

她若无其事地说着这些越听越是让人胆战心惊的话语。我问她："那你为什么一直包庇他？说他没打过孩子，就算有揍过，但绝对没有殴打？"

她答道："他以前在拘留所关过一个月，不能因为我再被抓进去。虽然不知道我会被判多久，但我出去之后还想继续和他在一起。"

我一时难以抑制内心的愤怒，把不该说的话说出了口："现在这种情况下，你还能说出这种话？假如人真有灵魂，那你的孩子可能就在这听着呢，这种话你怎么讲得出口？"

虽然犯罪侧写报告里也包括嫌疑人陈述的内容，但这些内容必须在正式的调查文书中也有所记录。因此在这场谈话结束前，我多次让她向我保证，在接下来的调查中一定如实交代一切。

犯罪侧写师的使命

我们既不能让未行罪恶的无辜之人承受罪罚，也绝不能眼睁睁地让犯罪之人成了漏网之鱼。这个被她叫作"哥哥"的男人在与她同居前，还跟保护所里的另一个未婚妈妈有过同居经历。因此，我有强烈的预感，此次他若能顺利脱身，想必还会物色新的目标，仰仗着他人的补贴苟活下去。我太了解这些过着寄生生活的人的特点了，他们不会有任何负罪感，很擅长发现可利用的猎物。就算是为了预防同类事件的再次发生，也必须揭露他的罪行。

孩子的母亲靠一己之力生养了女儿，从未得到过任何人的支持，她会认为自己不及他人。这时突然出现了一个总能陪伴左右的人，即便他偶尔对孩子犯罪，孩子的母亲恐怕也会不自觉地多依赖他几分。心理上的支持能滋养出一个人生存下去的内心力量，孩子的母亲此前却从未尝到过这番滋味。想到这里，从某种意义上来说，我也有些心疼她。

如今，社会福利政策日益完善，看似一片光明，但在这方面似乎还存在覆盖不到的死角。我们是否应该定期了解领取基础生活补贴的人过着怎样的生活？这笔钱是否发挥了它应有的作用？

是否可以面向补贴对象开展一定的经济教育？毕竟还有因不了解自己能在社会上享受福利优待，而走向犯罪道路的人。我们急需建立能够科学扶助弱势群体的社会体系。这个案件令我不禁反思，犯罪侧写师的角色定位究竟该覆盖到何种范畴。

案件 3
幻想自己是《楚门的世界》①的主角的年轻人

幽静的居民区小巷，表面上看起来十分平静。然而，当我走上通往住宅的楼梯，看到的却是一副让人难以想象的情景。纵使我跑过无数的犯罪现场，这番场景也是头一次见。台阶尽头是房屋玄关，走上去之前，我看到院子一侧的鸡棚简直惨不忍睹。这个鸡棚相比住宅区的一般鸡舍，规模不小，但里面五六只肥硕的鸡已经全死了。这些鸡，有的被割了脖子，有的不知道被捅了多少刀。鸡棚

---

① 《楚门的世界》（The Truman Show）：一部1998年的美国电影，主要讲述了楚门是一档热门肥皂剧的主人公，他身边的所有事情都是假的，而他本人对此一无所知。

里面到台阶入口遍布的斑驳血迹,仿佛已经说明了这骇人的惨状。

打开玄关门的瞬间,触目惊心的案发现场就映入眼帘,客厅里遍布血迹,玄关和厨房门口躺着两个人,看来是房主。室内现场无处下脚,于是警方在门口拍摄完进门处的情况后,铺设了勘查踏板。虽然为保护现场,勘查人员在所有案发现场都会放置踏板,但这次却是因为不执行这个措施,一步都走不进去。

119[①]急救队员已经确认了死亡事实。虽说死者为大,处理尸体是第一要务,但移动尸体过程中可能会破坏证据,因此警方必须在现场的原始状态下进行第一轮勘查。科学侦查员在进行现场勘查时,我负责绘制现场的内部简图。在查看过尸体位置及弃置在现场的物品后,我回到门口,站在那里开始观察现场。虽说嫌疑人落网后,通过他的叙述也能得出案件发生的来龙去脉,但我们仍需借助现场分析推测他的行为,并与其陈述进行比对。因此,通过现场血迹的形态等细节反推凶手的行为也十分重要。

作案工具是一把菜刀,被扔在了现场。无论是横在台阶入口处的鸡,还是室内的被害人,尸体上都留有这把刀造成的伤口。经初步推测,两名被害人手上的伤口是抵抗伤[②]。为了躲避攻

---

① 119:韩国应急处置电话,可提供消防、医疗急救等服务。——译者注
② 抵抗伤:指被害人为阻挡对方的攻击而造成的伤痕。——译者注

击,他们可能进行了一番拼死搏斗。如果说现场勘查员用心在找的是被害人及凶手留在现场的痕迹,那么犯罪侧写师做的就是通过搜集到的物证,进一步寻找凶手行动的无形证据。比如本案涉及锐器(刀具等有锋利的刃口或尖端的器械),我要做的就是辨别凶手用的是刀背还是刀刃,另外查看锐器的方向或形状,判断凶手是从什么方向攻击了被害人、常用哪只手、有几个作案工具等。我要通过观察上述细节,研判凶手的行为。

仅靠一次现场观察远远不够,我常要跑个两三趟,把现场的照片钻研数十、数百遍,尝试在脑海中想象出案发当时可能的情景,走进凶手的内心。但无论如何,最初的现场观察都具有十分重要的意义,毕竟当尸体被转移走、第一轮勘查结束后,现场极有可能会出现变化。

残忍的案发现场

案发现场在一栋二层小楼,房主一家住在二楼。当天,是住在一楼的租户听到楼上吵闹的动静后报了警。警方接警后迅速出动,进门后,一名疑似凶手的年轻男子从二楼跳下逃跑,警察穷追不舍。两名被害人均位于客厅,客厅进门处扔着一个不大的纸箱，里面装着电脑硬盘和几十本书，像是现场第三个人的物品。当时他可能正在收拾这些东西准备带走，结果警察一到，他就直接扔下东西逃之夭夭了。

两名死者的死因均为失血过多（因出血严重导致体内缺血）。被害人不仅胸部、背部、腹部被刺多刀，颈部也可见巨大刺创。究竟是有多深的仇怨才会伤人至此，实在是令人毛骨悚然。由于被害人尸体均在客厅，我们就先对客厅进行了勘查，然后将尸体送去了太平间。在验尸官进行尸检时，犯罪侧写师也要重新对尸体进行仔细观察。所以一般在现场勘查结束后，犯罪侧写师、验尸官、科学侦查员会一起行动。

通过对客厅的情况进行分析和判断，我认为最初和最后的攻击都发生在这里。考虑到室内可能还留有其他没被发现的痕迹，为还原其犯罪过程，我又对室内做了进一步观察。根据目击者的证词，警方确认那个年轻男子为房主家的儿子，初步推定他是作案凶手，因此他的房间也需要仔细查看。房主夫妇居住的房间里没有发现血迹，反倒是儿子的房间里到处都是血迹。他平时使用的电脑被拆开来，四处都沾有血迹，估计是犯案后为收拾东西逃跑沾上的。客厅里发现的书、电脑硬盘等杂物，回收后将被送去物证分析室做进一步勘验。但毕竟没法把整个房间都带回去分析，因此我先挑出了一部分物品作为必要的资料，请现场勘查员事先拍照固定证据，并申请了后期勘验。

负责现场勘查的科学侦查员本就是经验丰富的老江湖，不用我多说，也自会对犯罪现场整体展开细致的勘查。犯罪侧写师现场观察后，也可要求他们对必要的部分着重勘查，哪怕是第一轮勘查已结束，如在现场照片或调查记录中发现疑点，也可要求他们安排第二轮、第三轮勘查。犯罪侧写师之所以被安排在科学侦查部工作，我想也是出于这个原因。部门之间需要密切沟通，不去现场，是不可能开展案情分析的。

原本该在厨房的刀具带着血被扔在客厅，可厨房里却未发现血迹类的明显痕迹。因此我们可以得出结论，本案的中心现场是客厅、儿子的房间以及鸡棚。

在医院见到嫌疑人

我在现场勘查的时候接到通知，嫌疑人已被捕，目前正送往医院。虽然只有两层楼，但他也算是从高处跳了下去，脚后跟当场骨折；随后他又带伤驾驶父亲停在院子里的车外逃，逃逸途中发生追尾事故，当场被捕。除了脚后跟骨折、手上有轻微擦伤外，嫌疑人并无其他明显外伤，但也无法马上出院。因此我在医院见到了正在住院治疗的嫌疑人，决定在病房与他谈话。当时案发现场只有三个人，两名被害人已经死亡，我只能听嫌疑人讲述当时作案的全过程及相关细节。案件的始末如下：

嫌疑人的父母以务农为生，他在父母身边长大，一切顺遂。高中毕业后，他的成绩居于上游，顺利考上了理想的大学。家中虽不富裕，但也从未经济窘迫过。只不过他从小就多次目睹父母争吵，硬要挑问题的话，恐怕也就这一点。父母生了两女一男，他是家中老幺。母亲每次和父亲吵完架，都会找他抱怨诉苦，每每听完，他就暗下决心：要为了妈妈更加用功地学习。

然而，他并不情愿听母亲吵完架后絮叨的这些鸡毛蒜皮的事，因此这造成了他大部分的压力。两个姐姐学习成绩也很优异，大学毕业后都找到了体面的工作，先后成了家。嫌疑人大学没有读完，中途退学。我问及理由，他回答说当初打算在毕业后找一个更有前景的工作，于是准备去德国留学。他还胸有成竹地说，没有信心的事，他一开始就不会去尝试，他从来没有尝过失败的滋味。

嫌疑人没有所谓特定的长相，我面前的这个人也一样，怎么看也不像是个杀人犯。他长相帅气，身高估计也超过了一米八。

固然很多连环杀人犯的友邻对他们的日常评价也总是"文静内敛""心地善良",但人总是不可貌相。

眼前的这个人杀害了他的亲生父母,竟然还能如此气定神闲,简直让人觉得不可思议。据悉,嫌疑人在德国也没能毕业,于是就又回到了韩国。我大概能猜到一二。他在德国的时候,心理上应该就已经出现了问题,但他避而不谈,只说就是想回国罢了。回国后,他也没找到像样的工作,至今已在姐夫经营的书店里工作了两年多。他还补充说自己从没交过女朋友,最近认为自己应该谈场恋爱,于是开始研读一些关于人的书籍。他觉得自己没什么大问题,不过是曾经接受过抑郁症的治疗罢了。

我看了他杀害父母后准备逃跑时收拾出来的书,都是他正在读的,主题均围绕大脑、宇宙、未来、救赎和爱等内容。

睡眠不足导致的妄想

"最近我在读与脑呼吸[①]相关的书籍,我总觉得自己已经掌握了这个技能,每天睡很短的时间也能正常生活。一天就睡两三

---

① 脑呼吸:此概念来自韩国作家李承宪的作品,主要内容是以脑为中心,通过脑运动来提高注意力、安定情绪、增强记忆力的方法论。

个小时，近两三天，我就一直在坚持这个习惯。"嫌疑人说。

尽管也存在例外，但平时睡眠充足的人突然不好好睡觉，还笃信自己产生了特殊能力，那基本就可以考虑是出现了问题行为（Problem Behavior），他似乎就属于这种情况。他会在无意识之下仿佛收到指令似的进出某些特定地点，事后又对自己的行为毫无印象。这种症状会出现在患有精神疾病的人群中。媒体报道过不少同类案例。嫌疑人先是错误地认为自己不睡觉也不疲倦，这种错觉不断发展，最终酿成恶性事故。

案发当天，嫌疑人也是凌晨两点多才睡，四点半左右被鸡的打鸣声吵醒。他家的鸡棚里养着六只鸡。他起床后，就上去拧断了其中一只公鸡的脖子，然后返回厨房拿了把刀，又杀了两只母鸡。正在这时，父亲出来查看，质问他这是在干什么，拦着不让他动手，两人就这样起了冲突。接着，父亲将他拽进客厅，母亲一边唱基督颂歌一边安抚他，两人在卧室分别播放起了圣经颂读和圣歌。他听着这些再次闭上了眼，内心恢复了平静。但到了早上，他又躁动不安起来，一直在客厅和父母卧室之间徘徊。

"只要我安静下来，就总觉得有人在监视我。我不停地追问我妈，手机在哪儿，我的书在哪儿。我走出房门一看，鸡窝前的户外凉床上放着七八本我最近在读的书，但我还是没找到手机。

我明明记得凌晨去杀鸡的时候还用它照过亮，可现在完全想不起来放在哪儿了，找也找不到。我妈不停地问：'那你的钱包放哪里了？'那时我突然就萌生了奇怪的想法，拿了车钥匙就冲出了家门。她追出来，我就甩掉她，发动我爸停在空地上的车，在附近转了一圈。转着转着，我还是觉得得把剩下的鸡全杀掉，于是就又回了家。

"菜刀就插在厨房的洗碗池边上，我过去一手抄起一把，转身就准备出去杀鸡。父母牢牢地抓住我的两只胳膊，搞得我动弹不得。我疯狂挣脱的时候，就闹出事情了。我记得捅了爸爸两三下，倒没捅我妈，具体我也想不起来了。反正我冲出家门，把剩下两只鸡以及另一只跑掉的鸡抓了回来，按顺序用刀把它们统统都砍死了。等我再回到客厅，我爸已经倒在地上，我妈坐在距他不远的地方哭。那时她在我眼中突然就成了邪恶势力，于是我嘴里一边喊着'退散''快滚'，一边不停地捅她，看她好像还没死透，我又狠狠地往她心脏的位置补了一刀。然后我还往爸妈的脖子上又捅了几刀。"

我问他："你当时看着无力反抗、只能被你攻击的父母有何想法？"

他说，当时父母在他眼里就是阻拦自己的邪恶势力。

"我只是想杀鸡来着……"他含糊其词地说道,并没有表露出丝毫悔意,只有愤怒的情绪流淌了出来,"但凡他们不拦着我杀鸡,肯定就不会有后面这些事。"

我又问:"那你究竟为什么突然想去杀鸡呢?"

他回答:"大半夜被鸡叫吵醒,也没什么明确的理由,就是突然意识到必须宰了它。现在回想起来,我觉得一只公鸡带着好几只母鸡,就像在轮奸它们,所以才先宰了公鸡。"

但这也并没有彻底解释他的所作所为,因为鸡棚里的六只鸡最终全都未能幸免于难,他给出的理由毫无说服力。因此,我只能得出判断:他的一部分思考能力已经土崩瓦解。

接着,他谈到自己读过的书,是这么说的:

"人生是有属相的,每个人生来都自带属相,它既可以显善,也会属恶。受恶的品性影响较大,就会犯罪。鸡轮奸其他鸡,下辈子就会出轨,做坏事,所以我先处决了它。"

他读过许多宗教方面的书,最近在姐夫的劝说下开始定期到教会参加活动,可他现在的思考方式绝非单纯的基督教或佛教思想,而是他已经崩坏的思维在不断延展。坐在我面前的嫌疑人,还在理所应当、理直气壮地解读着自己的主张,很难让人判断出这是一个思维瓦解之人所能做出的表情或语言表达。如果从远处观察他现在的表情和态度，绝对想象不到他说的会是这些内容。他近乎是在胡言乱语，话语毫无说服力，但我身为犯罪侧写师，必须认真听下去。因为一旦我表现出心不在焉，他可能马上就有所觉察，拒绝继续交代情况。

面对为何会把父母看作邪恶势力这个问题，他是这么回答的："他们不让我杀鸡，还监视我。在案发的前一天晚上，我去板桥那边转了几个小时，回家之后他们看我的眼神，让我觉得他们好像没把我当作亲生骨肉来看待。那时邪恶势力应该就已经附到他们身上了。"

"平时我没想过要杀他们，但他俩总为我爸出轨的事吵架。要我说，人和鸡都有问题，但最后我杀他们也并不全是这个原因。"他接着说道，"现在是个善恶二元化的世界，我很纠结，到底该继续活在这个定式里，还是干脆逃脱出去？对比我身边发生的事，我决定要超越这个二元化的世界，所以就发生了这件事。"

这一连串故事都表明他不是一个思维正常的人。

谈话的另一个理由

犯罪侧写师之所以约谈嫌疑人,既是为了挖掘出无法在现场得到的精准涉案情报,也是为了洞悉嫌疑人在案发过程中经历了怎样的心理变化,种种信息可为后续的其他案件提供参考。

尽管侧写师在工作中并不承担心理咨询的职责,但嫌疑人一旦打开了话匣子,还是希望对方能听完自己的故事。不仅是存在心理问题的嫌疑人有这个需要,普通嫌疑人大多也需要,有时他们还希望我们能择日再去一次。仅凭一次谈话,很难改变他们,或起到教化改造的效果。但我认为,它能成为嫌疑人的一次机遇,使其感受到有些东西是能改变的,认识到自己在服刑期间不但是在为自身行为付出代价,自身潜在的问题也能得到纠正,也可以同步进行心理治疗。

本案嫌疑人在与我交谈的过程中,心理状况渐渐趋于平稳,对自己在抓捕过程中突然咬舌和其他吓坏一众警察的行为也表现出歉意。他还安抚我说,他当时的本意并不在于寻死,是觉得一切祸端都源自舌头才出此下策。我问他,最近有没有感觉自己精神状态不大正常?他说姐夫和妈妈说他像丢了魂,但他自己从不这么想。倒是工作的时候总有人烦他,害他一小时就能做完的事总得耗两三个小时，这让他觉得十分困扰。

嫌疑人说，自己仿佛变成了电影《楚门的世界》中的主角。事发前后，他正沉迷于"地球激活""圣甫拉"[①]"与神交流"等一系列宗教活动网站及书籍，游离在普通的生活秩序及思考方式之外。这也让我觉得，他过于沉浸在这类与现实世界脱节的思想中，才产生了逃避现实的生活态度。他为满足母亲的愿望而选择的生活三番五次遇阻，他辜负了父母的期待，与他们的关系也不断恶化；加上他拒绝接受自己的失败，才创造出只属于自己的世界；他不愿展露自己不善于社会生活的一面，但最终还是高估了自己。

嫌疑人读完《脑呼吸》这本书后，在自己身上做起了临床试验，自认为不睡觉也感受不到劳累，结果几天后就犯下了罪行。他不止一次地感觉到父母在酝酿某种阴谋，要像《楚门的世界》里那般将他逼入绝境。我问他现在最担心什么，他告诉我他最担心的就是被拘留后没法去办理新手机的附加服务项目了。我问他对去世的父母有什么想法，他只用一句"当时精神不正常了"打发了我。

---

① 圣甫拉（Shaumbra）：讨论灵性觉醒的网站。

走进罪犯的内心

母亲将丈夫带来的压力一股脑发泄给了儿子,儿子为了满足母亲的愿望只好活成一个模范生。他那时尚且年幼,应该还难以完全理解自己的母亲。

一面是对自己不断加码的期待,另一面是满足不了他人期待的自己,也许嫌疑人就是在这种内在的矛盾中长大的。大学中途退学决定赴德时,或许他就已经意识到自己出了问题。我想,他在德国的生活也许并不轻松,身体已长大成人,但内心依然痛苦,而身处异乡,无人能给予他心灵上的抚慰,身心俱疲还要适应国外生活,情况更是雪上加霜。

我们都要学习拥有一种勇气,勇于喊痛,勇于坦白自己的不足,勇于大胆承认自己的无知。这些都应该在家庭中学习,或者在小初高教育阶段自然形成。"自卑"的另一面是"勇气",试想,我们都具备这种勇气吗?

第一次接到犯罪侧写师任命、刚开始工作没多久的时候,我曾去过一次检察厅。在分析案情、与落网嫌疑人的谈话中,我意识到,为预防犯罪,警方在办案期间尽早抓获嫌疑人固然重要,但执行刑期的监狱、劳教机关对罪犯的教育作用也十分重要。当时的我就很好奇，他们劳教期间都有哪些培训或心理咨询项目。既然韩国警界首次特殊招录犯罪侧写师，那么有哪些工作是侧写师可以与劳教机关对接完成的？对此我还特意咨询了检察机关。

虽然这已经是几十年前的事了，但我至今还留有遗憾。如果在接收罪犯时能按照罪种进行分类，再通过有针对性的个人咨询、集体咨询项目使其主动认识到犯罪中潜在的行为问题，那该有多好。尽管短期内此举可能很难见到显著成效，但我坚信如果数年后对其再犯率进行评估，一定会发现它能起到预防犯罪的效果。

第二章

犯罪侧写师是善于倾听的人

仔细倾听，远比任何态度都更为重要。哪怕被害人遗憾身亡，也不能忽视尸体和案发现场留给我们的"话语"。

我是犯罪侧写师

大学毕业后，我选择备考公务员考试，其间偶然获得了一个去大学里做学生生活研究所助教的工作机会。接到教授的电话时，我大感意外，因为他在我本科的时候没怎么特别注意过我。我原本就对心理咨询或心理学很感兴趣，这于我而言是个天大的好消息。教授说，我大一、大二在学院选举拉票活动上朗诵诗歌的时候，他就注意到我了，所以特地建议我留在学校工作。

设有心理学专业的学校并不多，直到现在也还是如此。在我的母校，也只能在教育学专业下学习到咨询心理、教育心理、临床心理相关课程。在大学里工作，是一个能支持我继续学习的绝佳机会。我白天在研究所里工作,晚上就在教育学院继续攻读咨询心理学的硕士学位,我就这样意外走上了昼耕夜读的道路。我本就对该领域有兴趣,加上又和工作内容挂钩,很顺利就拿到了硕士学位。

那时候的我很年轻,还协助年长的同学一起完成作业,感受到学习的过程妙趣横生。在学校研究所工作,还有机会接受咨询或心理测验相关培训,并以优惠的价格报名参加感兴趣的教育项目。假如当时的我知道自己将来会成为一名犯罪侧写师,一定会选修更多的课程,再考一考与临床心理学相关的资格证。但现在想来,那时的我要工作、约会恋爱,还要利用碎片时间接受培训,过得也算是十分充实、忙碌了。硕士阶段快结束的时候,我还要筹备婚礼,所以现在想来多少有一些遗憾。

硕士毕业后,教授建议我继续读博,我自己也想一鼓作气拿到博士学位,就提交了博士学位的申请书。可是,博士课程不允许半工半读,被录取后我就得辞掉研究所的工作,全身心地投入到学习研究之中。做这个决定很艰难,不过幸运的是,我以第一名的成绩被录取,继续求学只用缴纳几万韩币(约几百元人民币)的学生会会费即可。既然没有学费压力,那从研究所辞职的事就变得简单了。况且读博的过程中能获得在学院授课的机会,虽然收入不稳定，但仍比研究所工作的工资要高。

那时，我在学校教授过教育学、教育实践方法论、心理学等课程。一方面教学相长，对我的学业有所帮助；另一方面我也有了与更多的人见面交流的机会，以至于后来课程满得让我有些难以招架。那个时期，我的运气着实不错。

走上犯罪侧写师的道路

韩国的犯罪侧写工作始于 2000 年。那年 1 月，国立科学侦查研究所下设的犯罪心理科分析室开始针对杀人、强奸、纵火等主要案件的犯罪人员开展深度谈话，并将谈话内容整编为文字资料。同年 4 月，警察厅犯罪心理分析咨询委员会成立。2004 年 7 月，暴力犯罪分析小组（Violent Crime Analysis Team）成立，这个工作组主要由现有的科学侦查员中对该领域有兴趣或专业对口的刑警组成。

2005 年 5 月，我的博士学位论文渐入尾声，偶然听说警察厅首次以"第 1 期犯罪分析员特殊招录"的名义选拔犯罪侧写师，具有心理学或社会学背景的人均有报考资格。我硕士阶段专攻的是咨询心理学，博士阶段学习的是教育社会学，因此也有机会报考。

　　我家中没有警察,身边也没有熟络的警察朋友,所以一开始我对警察这个职业还很陌生。但读研期间,我有过研究所的工作经历,还在家庭暴力咨询中心等组织参加过志愿活动。对我而言,能与犯罪人员进行面谈这一点十分具有吸引力,同时这也是一个获得稳定工作的机会,我必须要去试一试。当时,我本来也在考虑毕业后的去向,初步考虑的是一边继续在学校代课,一边开一家个人咨询工作室,规模小些也无妨,但这并不容易,所以侧写师的工作不失为一次良机。不过我那时还要忙论文的收尾工作,所以申请资料填写得比较匆忙,慌里慌张地就交上去了。

　　可能还是运气好,我通过了资料审查,也不用参加普通警察公务员考试中《刑法》《刑事诉讼法》《警察行政法》一类的司法科目考试。后来,我又接连通过了文件审核,参加了口头的专业科目测试、性格测试、一轮、二轮面试。只要具备犯罪心理学的相关知识,平时关注社会问题,技能测试和面试的问题就不难回答。那时候的招录考试不像现在,还要按照普通公开招录的标准进行体能测试。现在比以前难多了。放到今天,我恐怕压根都不敢梦想成为犯罪侧写师。

　　我记得在面试环节,面试官问我:"既然已经取得了教师资格证,为何还要从事与犯罪相关的工作?你一个已婚已育的女性,能干得了这份工作吗?"现在的我完全能理解他为什么会这么问,但当时我觉得这个问题简直太好答了。为了能被录取,随便换一个来面试的人恐怕都会答:"虽然我已婚已育,还是女性,但我一定会更加努力工作的!"所以,当时我心里想,怎么可能会有人在面试中如实地回答说"不能"?但我又想,这么问大概就是想淘汰我吧。

被录取的喜悦和陌生的体验

5月,选拔公告发布。两个月后,所有的考试都告一段落。我的博士论文也完成了,只等毕业典礼和录取结果了。7月的一天,我意外地在最终录取人员名单上找到了自己的名字,我记得,那天应该是7月21日。

根据要求,录取人员必须在结果公布的两天之内,也就是7月23日之前到中央警察学校报到,否则录取资格将被取消。我当时没有时间从长计议、仔细考虑了。8月的毕业典礼,我也无暇顾及了。最终,我按要求于7月23日前往忠州的中央警察学校办理了入学。通知里说一个月左右不能回家,于是报到当天,我往行李箱里装了几身衣服就去了。现在想起来，我仍然感觉头晕目眩。当时正值盛夏酷暑，我拖着行李箱走路爬坡，浑身都被汗湿透了，狼狈不堪。

正式培训从25日开始，那天正好是周一，虽说此后的每一天都有全新体验，但23、24日两天，我就经历了许多此前未曾有过的事。我带去的衣服里只有内衣用得上，其他物品都必须使用统一配发的物资。工作服、机动服、运动服、工作鞋、机动鞋、包等都统一配发。我还接受了专项培训，学习起居宿舍里被子和其他物品的整理摆放方法。那里的生活基本是按照军事化标准来管理的。我虽然没参过军，但部队里的生活，很多我都能理解。

其中，令我印象最深刻的就是平生第一次染发。我的头发生来就是棕色，初高中时期也总有老师质问我是不是染了头发。进入警校后，我还是第一次被要求把头发染成黑色，无论我怎么解释这就是头发的本色，教官们都不接受。结果我还是在诸多同学的帮助下染了头发。人生在世头一遭，染发弄得衣服、毛巾全被染成了黑色，狼狈得不得了。直至今日，我都记忆犹新。

那一批全国一共选拔了16人，其中男警5人、女警11人，女警中我的年龄最大。我35岁才考上，同批中甚至有小我10岁的同学。就这样，我在中央警察学校的生活拉开了序幕。由于录取前没有参加司法相关考试,因此在接下来的 6 个月中,我们同批的 16 个人昼夜不分地攻读《刑法》《刑事诉讼法》等司法课程,学习掌握跆拳道、柔道、剑道、射击等警察基本技能。

第二年,也就是 2006 年 1 月 6 日,我们从学校毕业了。我们各自接到分配任命,前往不同的地方厅就职。尽管现在犯罪侧写师已划归科学侦查科,但在当时还有许多地方厅没有明确划分调查科和刑事科,所有地方厅也都没有设立独立的科学侦查科,于是我就被分到了调查科下的科学侦查系,开始了我的职业生涯。

初见杀人犯

犯罪侧写师的职责,是在发生杀人、抢劫、性暴力、纵火、劫持诱拐等重案或引发社会关注的案件时,赶往现场,寻找凶手的痕迹,发现一切有形或无形的证据。如未能在第一时间破案,则需要结合现场情况和调查进展综合分析案情;如凶手被抓获,则要像普通心理咨询那样,与其一对一面谈,了解嫌疑人从出生到案发的全部人生经历,在提供咨询的同时完成心理测验,面谈结束后还需将结果录入系统形成数据库,供全国的刑警人员共享、参考。当初选择步入警界，单纯是出于对与罪犯谈话的盲目好奇，但真正跑起现场来可没想象中那么轻松。

我还记得第一次负责谈话时的情形，那起谋杀案案发还没多久，嫌疑人就被抓捕归案，我与他见面必须问出他的生活经历，从中了解其作案动机以及与案件相关的详细情况。而该嫌疑人身负20多项前科，其中包括故意杀人。前辈们听说我没准备防身的就要和他单独坐在陈述录像室里谈话，纷纷来给我出谋划策："搞不好是要出事的，你可不能把他当成普通咨询室里的病人啊！""你有没有准备点儿防身的东西？对方要是拒绝谈话，你该怎么办？"这种话听多了，我内心也滋生出了一丝恐惧。但那时我在警校的受训刚结束没多久，内心的使命感、责任感压过了恐惧。我撂下"一定都能顺利完成"的豪言壮语，就赶往警察局。

迄今为止，我已见过几百名犯罪嫌疑人，但印象最深的还是他。那天，他从拘留所被押送出来，往我面前一坐，我脑海中瞬间就掠过了前辈们的叮嘱，但我还是故作镇定，向他说明了自己的身份和来意。他也没有刁难或拒绝，表示愿意接受谈话。我的运气不错，从业以来，除了一两个人例外，几乎没有嫌疑人拒绝谈话。那一两个人起初之所以拒绝，也不过是企图以此讨价还价来索要一些帮助罢了，因此，几乎可以说没有人拒绝过我。

在其他厅局工作的同批同事情况也都差不多，大家虽被分配到了不同的地方厅，但遇上总局开会，还能聚在一起碰个头。那时候只要一问及需求，他们都不假思索地提出"能不能配气枪""能不能配电击器"之类的建议。但国家不允许个人持有警用装备，必要时必须获得批准。当时登记事由、领取出库的流程还很复杂，还得看前辈们的眼色，所以我们都没这么做过。

现在想来还挺好笑，毕竟工作至今从没有嫌疑人威胁过我们。我初出茅庐时见的那名嫌疑人也没有，毕竟都已经落网被关进了拘留所，再对警察做出威胁性举动，对他本人也没什么好处。所以，除了几次特殊情况外，几乎没发生过这种事。但即便如此，仍很有必要未雨绸缪，要注重保护个人的人身安全。

不过话说回来，犯罪侧写师都具备基本的心理咨询师思维，十分善于与对方达成"和谐关系"①，因此在谈话中身陷险境的情况就更少见了。

学习咨询的经历颇有裨益

困难远不止于此。和过去相比，如今谋杀案的案发频率已明

---

① 和谐关系（Rapport）：指谈话人双方的互信关系。

显下降①，科学侦查员的工作制度也进行了改革，需要半夜出警的情况大大减少。但在当时，只要出了杀人案，不论早晚都必须立即出动，连去大众澡堂洗澡都得把手机寄存在前台，对工作人员千叮咛万嘱咐，有电话来一定得叫我。而且，毕竟那时候都是跟着前辈们一起跑现场，去晚了得看好多脸色。因此，接到调令后才一年，我就抓紧把家搬到了离地方厅近的地方，就是为了出警时能比前辈们快一点儿。

到现场之后，既要检查案发现场内外情况，还得仔细查看尸体状态，严谨推敲被害人从哪个方向遭到攻击，这也绝非易事。如果是案发后立刻被发现的话，现场情况就还不错；万一过了一两天，尸体开始腐烂，或是事发很久才有人报案，尸体发生高度腐烂，难度就更大了。这样工作的时间久了，我家人的意见都很大，纷纷追问我，又得养育孩子又得做这么高强度的工作，还坚持得下去吗？会不会太累了？

也许是学习心理咨询的时候就经常练习着将咨询室中的问题与自我割裂开来看待，因此在现场四处观察、从早到晚钻研案件照片并未给我造成太多痛苦。我把它们分得很开，它只是工作内

---

① 10年前，韩国社会重案中谋杀案的发生情况为每年70—80件，近一两年已减少至每年40余件。

容，不至于夜夜入梦。时间一长，我也偶尔会怀疑自己的感情是不是过于淡薄。人都有一死，但被害人是含冤而死，也许我只是更迫切地想帮助他们沉冤昭雪而已。

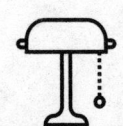

何为犯罪侧写

国内外的部分电视剧中塑造的犯罪侧写师形象多少有些夸大。出现场、分析案情、亲自追捕嫌疑人，这些并不都是犯罪侧写师的工作。我们的职责大致可以理解为，为案件侦办组提供各种形式的情报。因为不去现场就无法分析案情，所以我们才比现场勘查员出入现场的次数更多，但并不会直接开展侦查。

我们主要负责分析嫌疑人类型、其行为及陈述，开展心理谈话，评估案件关系人陈述的真伪，对审讯策略等精细工作给予实质性的支持。因此，从一线工作者的角度来看，犯罪侧写工作可以从"运用科学手段撰写犯罪行为分析报告"和"为重案侦查提供专业建议咨询"两方面来定义。总的来说，它其实是利用社会科学手段来辅助破案的一种侦查手法。

犯罪侧写的前提是"人人性格有异，但各人性格的核心不变"。案发现场其实能够反映出作案人的性格特点。随着时间的流逝，其作案手法可能会发生改变，但特征则具有一贯性和重复性。没有系统学习过心理学或犯罪学的老人们常说"江山易改，本性难移"，我想这应该就是他们从丰富的人生经验中悟出的人类本性吧！

在大学里学到的知识很难完全套用到现场工作中。在不同性质的案件中，需要开展的工作也不尽相同，因此，为熟悉具体业务，我们还要花时间进行各种训练。尽管我并不认为韩国目前的犯罪侧写能力不及发展较早的美国或加拿大，但在系统化的教育培训体系方面，韩国的确还有很长的路要走。

因此，成为犯罪侧写师后，还有很多东西要在现场的摸爬滚打中不断学习，就像医生、心理咨询师这类职业一样，经验越丰富，应对能力就越强。有些犯罪侧写师处理的案件多，他们锻炼出的直觉能力常常让他们在工作中发光发热；经常参加广域犯罪分析会的人，也渐渐能拥有一双洞察案件真相的慧眼。

寻找罪犯的痕迹

　　犯罪侧写的工作范围大体可分为案情分析与调查谈话两部分，案情分析中又包括嫌疑人侧写、地理侧写、关联性侧写、口供分析、审讯策略支持、心理侧写等细项，谈话调查则包括利用谈话技巧引导嫌疑人主动交代、分析犯罪行为、心理测验、为进一步调查提供审讯策略等具体工作。不同于人们的普遍认知，嫌疑人的侧写画像并不是我们工作的全部。与10年前相比，目前的趋势是犯罪侧写的工作范围正在不断拓宽。

嫌疑人的侧写画像

嫌疑人侧写画像的基础,是搜集、分析遗留在案发现场的行为证据,从而发现除现场搜获的有形证据之外的无形证据。在掌握作案人的特点后,这种侦查手法可通过推理、缩小范围来抓捕真凶。正如我前文所说,侧写画像的目的并不是锁定特定人员,而是通过汇总、分析案发现场出现的各类要素,设定出可能从事此类犯罪行为的对象类型,从而帮助识别嫌疑人。

我记得被分到地方厅局第一次负责谋杀案犯罪侧写时,在讲解案情和侧写结果过程中,就有人问:"所以真凶到底是谁?"这个反应虽然实在是令人觉得荒唐,但当时毫无经验的我被问得六神无主,都没能好好给他解释犯罪侧写工作的性质,实属遗憾。

地理侧写

地理侧写分析的是作案人的居住地址、活动范围及下次作案地点。以我的经验来说,这项工作并不能预测所有的犯罪行为,但针对三次以上的连续性犯罪及连环纵火案效果明显。如果有与案发地点相关联的准确地理信息，就可以加以利用，而且从理解系统原理到实际运用所需时间并不长。第一阶段的分析旨在使用系统预测其居住地或下一次作案地点，第二阶段则主要在第一阶段结果的基础上，分析如何运用前期得出的结论。

地理侧写利用的是统计学检验方法，所遵循的科学方法论也足以达到社科领域所要求的水平。因此，如果侧写师掌握统计学知识，在工作中就可以迅速上手；如果侧写师拥有社会科学检验方法论方面的诀窍，就能比他人更容易实现两个领域的并轨对接。因此，这项工作还要求侧写师会使用统计程序，并具备分析系统得出结果的能力。

关联性侧写

关联性侧写分析的是案件之间的相似性及差异性，从而判断多个案件是否为同一作案人所为，用于判明是否为连环犯案，抑或是像在李春才连环杀人案[①]的侦办中，在嫌疑人自首后，通过分析其主动交代的案件内容判明其间的关联性。偶尔有已被收监

---

① 李春才连环杀人案：以"华城连环杀人案"为社会熟知。经调查发现，此案案发地区不仅仅限于韩国京畿道华城地区，故更名为李春才连环杀人案。

的罪犯进一步交代其他罪行时，也会用到关联性侧写，有时还需撰写、递交结论性报告。考虑到罪犯坦白的背景或目的，报告中明确表明"可信度不高""难以判断与案件存在关联性"的情况也时有发生。

心理侧写

从两三年前开始，心理侧写的运用方式就发生了变化。从一般意义上来说，心理侧写的内容是分析自杀者的周边环境、约谈其亲友等身边人员，旨在发现可预防自杀的关键因素。但对于犯罪侧写师而言，这项工作的内容则有所不同。

在犯罪侧写的范畴中，心理侧写指的是，在重大刑事案件中，如可疑人员或犯罪嫌疑人主张被害人为自杀，则需通过与被害人的家人、朋友、同事等知情人谈话，发现并掌握被害人是否存在相关指征。如分析结果表明，被害人曾表现出求生意愿，却在不脱离日常范围的状态下遭遇死亡，那么下一步侦查工作就应把他杀纳入考察范围。因此，这与普通的心理侧写还是有一定的区别。

为此，我不仅接受了多年的心理侧写培训，还通过各类进修培训（面向具备特定领域执业资格的人员开展，为提升其技术技能及个人素质，每隔一段时间对其进行培训，以提供、补充上一阶段该领域专业知识信息的最新变化）来不断提升个人能力。近来，心理侧写已成为一个独立的领域，能有效揭发案件真相，还能作为证据被法庭采纳。但为更快为案件侦破提供帮助，个人的努力和教育培训仍缺一不可。

陈述分析

陈述分析是通过分析对象的语言态度，从而了解对象对案件的态度及其心理状态。陈述分析使用的方法是科学内容分析（Scientific Content Analysis），这是以色列测谎员考官阿维诺姆·萨皮尔发明的测谎手法。该技术基于分析人在撒谎时语言表现出的语言学特征，感知对象陈述中潜在的撒谎可能性，并通过观察一系列陈述过程，获取与犯罪相关的情报。只有熟知应用于分析的各类依据、接触过无数相关案件的人，才能游刃有余地开展这一领域的工作。

犯罪侧写的工作中不存在纸上谈兵就能行得通的领域，因此我希望大家了解，陈述分析尤其需要丰富的经验及针对不同罪种的侦查技巧。也因此，犯罪侧写师会定期接受职业专业化培训。邀请外部专家前来授课培训，通过再教育不断地强化技能，了解侧写工作成果在审判过程中的具体应用，这对我们来说也十分重要。

提供审讯策略

提供审讯策略是指犯罪侧写师可根据嫌疑人自首要素及其性格特点，灵活调整审讯策略。嫌疑人的性格千差万别，策略上有时直接亮出客观证据很有效，有时则要通过倾听他的故事，唤醒他的良知；同理，有时在两名侦查员中，还得有一人负责唱黑脸，配合着演一出"双簧"。犯罪侧写师难以在早期谈话中就得出策略上的决策，这需要丰富的经验和长期的训练。一旦犯罪侧写师能及时提供策略性建议，警方在侦办过程中就能占据上风。因此，这项工作无疑是犯罪侧写师最能发挥个人能力的领域。

犯罪侧写师亲身参与谈话或者旁听调查的次数越多，洞察案件的眼力和制订策略的能力就越强，工作起来就更为得心应手。由此，亲身经历实际案件侦办的作用可见一斑。在实际工作中，考虑到各市、各道内案件的质与量参差不齐，所以犯罪侧写师有必要多利用录像视频等资料进行自我训练，或多向前辈请教，更多地参与到广域分析中去。常言道："跟着铁匠会打钉，跟着木匠会拉锯。"就算没有条件直接参与案件侦办，犯罪侧写师也可以通过多种渠道接触到大量的案件，通过间接经验去锻炼自己的眼力，这也有助于提升自己的工作能力。

审讯策略的诀窍根植于心理学理论，也受经验因素的影响，因此犯罪侧写师需要先学习理论，再与前辈们多探讨，思考理论知识与实际案件相结合的应用方式。考虑到对象的性格、脾性都不相同，犯罪侧写师不可简单地将每个人对号入座，武断地套用"什么人就该用何种审讯策略"的固化思维；同时，还要考虑案件推进的顺序、侦办现场的气氛和负责案件侦查员的脾气，切忌生搬硬套，而应制订因"案"制宜的审讯策略。

基础知识之上该搭出怎样的上层建筑，我想这与建筑师盖房子的过程有着异曲同工之妙。建筑师即使完成了基本设计，在建造过程中也还是会经过无数次的修改，还要兼顾房主要求，不断进行沟通。犯罪侧写师也是一样，了解掌握对象的性格取向，制订出灵活多变的策略，让侦查员能在此基础上顺利结案，这不是一件容易的事。

面谈技巧

所谓面谈技巧，是在针对一些心理状态不稳定的嫌疑人、知情人或可疑人员开展辅助调查过程中，先对其进行各类心理测验，再基于分析结果开展谈话的方法。在此过程中，我们要获取的是嫌疑人从出生直至坐在犯罪侧写师面前这段人生的完整行为[①]，并在此基础上分析其犯罪前、中、后的行为特点。

有人好奇，既然嫌疑人都已落网，为什么还要进行面谈呢？我们在实际工作中发现，很大一部分嫌疑人对自己的犯罪动机并无清晰认识，或者根本不知道该怎么做才能避免犯罪，也有人想不通自己的行为究竟是从何而起。从警方的角度来看，长期积累此类数据，也有助于今后能尽早破获同类犯罪案件。

大多数犯罪侧写师都是心理学或社会学专业出身，从未亲自主持过面谈的侧写师不在少数。学习社会学的人本就很少与患有心理疾病的人面谈，而就算学的是心理学，也必须进修心理咨询相关的细分专业，才能在现实中对人开展面谈。因此，实际工作中一开始都是早入行的犯罪侧写师来主持谈话，后辈负责笔录。

---

① 完整行为（Total Behavior）：含组织行为在内的，人类为满足欲望而做出的所有行为。

谈话结束后，如后辈还有其他问题，再补充提问。根据个人参与程度的不同，酌情于6个月或1年后再亲自上场谈话。

当然，如果案件性质敏感，且犯罪侧写师还未对自己有十足信心，则还是由训练有素、经验丰富的犯罪侧写师介入调查更为妥当。虽说我们的工作切忌带有成见或武断下结论，但如果侧写师对案情缺乏把握或对自己的判断信心不足，就很有可能会搞砸工作。因此，在人选问题上，还需格外用心。

作为已从业15年[1]的犯罪侧写师，我至今仍对办案存有敬畏之心。一旦犯罪侧写师判断失误，就可能把无辜之人送上法庭，毁掉一个人的人生，慎之又慎自是情理之中。重点是，我们要努力不放过丝毫细节，仔细认真地办案，不把办案当作一个人的战斗，而是尽力与多人协作共同解决问题。因此我认为，如果犯罪侧写师自己不愿进组审案，那就应该尊重其个人意愿，因为他一定有自己的理由。

---

[1] 作者于2005年进入韩国中央警察学校学习，2006年正式工作，本书成稿时作者已工作15年。——编者注

支援破获海外韩国公民遇害案

在少数情况下,我们也会被派遣出国,参与一些平常只能在新闻中接触到的海外韩国公民遇害案件。负责现场勘查、视频分析的科学侦查员也会一同前往,但碍于条件有限,一次不能去太多人。因此,功夫得下在平时,力争提升犯罪侧写师行业的整体水平,确保发生案件时无论在何时何地办案,我们中的哪位都不会使韩国犯罪侧写师的名誉受损。

我曾参与过菲律宾克拉克自由港区的韩国公民遇害案及马尼拉韩国公民绑架案,后者我是直接在现场破的案。参加此类工作时,一抵达现场,就会向派遣至当地的韩国警察申请提供工作协助。但最大的问题是,不论你的工作经验、实力怎么样,你都必须作为韩国的犯罪侧写师立刻开展工作,不管是现场勘查还是视频分析,随时都要有临危受命的准备。

必要时,我们可建议当地警方开展进一步调查,并且和他们一起开展侦查,因此压力和劳累程度几乎是在国内办案的好几倍。马尼拉韩国公民绑架案之所以能顺利地在现场破案,得益于有另一位犯罪侧写师与我配合。其他案件能否复制此次案件的做法,则未可知。由于每次出国办案面临的情况都各不相同,因此目前我们主要采取案件复盘[①]的方式来训练处置海外案件的能力。

总的来说，犯罪侧写师的能力与参与案件侦办的经验成正比，因此"师父带徒弟"的模式在许多地区都比较常见。但即使如此，我们仍在不断改进思维方式、完善系统，力求使这种培训变得更加系统化。为此，韩国警界将全国划分为京仁圈、忠清圈、庆尚圈、全罗圈等几大辖区，组织警力共同研究案情；近来又打破了区域划片的限制，转而根据案件性质来组编必要的人力，目前这种模式已侦办了多个案件。

[①] 案件复盘（Debriefing）：指组内成员汇报在现场执行的任务内容，再根据汇报内容开展问答及讨论。

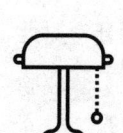

对犯罪侧写师的误解及真相

仅凭常识就做判断

总有些人把犯罪侧写师当算命先生,不愿听取我们的详细解释,一上来就问:"所以凶手到底是谁?"他们误以为犯罪侧写靠的是直觉或通灵之类的玄学。纵使犯罪侧写的工作十分倚重既往经验,但仅凭直觉是绝对无法为调查工作提供帮助的。在韩国这个奉行证据裁判主义[①]的国家，缺乏客观性证据恐怕连上诉都难。犯罪侧写协助案件侦办，靠的也是证据、逻辑和推理。

也有人存有疑问，犯罪侧写是否基于一般性常识展开？对此我也想提出这样一个问题：究竟什么内容可被称为"一般性常识"？在大部分情况下，我们普遍认知中属于"常识"的东西在案件处置和执法的犯罪现场中都不那么"一般"，也谈不上"众所周知"。正因为所谓的"一般"和"常识"的界限十分模糊，因此不是所有的问题都能套用"一般性常识"。

犯罪侧写师天赋异禀

还有一种疑问：要当犯罪侧写师，是不是必须得具备一定的天赋？先说结论，犯罪侧写的能力并不是与生俱来的，而是在受教育过程中逐渐习得的，是一种"技术"。它要求我们在知识、经验和训练中不断磨砺，提升自己的实力，我们投入的刻苦和努力绝不输其他领域的人。

就算眼前所见相同，人之所想也绝不会相同。要寻找案件另

[①] 证据裁判主义：又称证据裁判原则，指对于诉讼中事实的认定，应依据有关的证据做出；没有证据，不得认定事实。——译者注

一面难以察觉、不为人知的证据，洞察案情中的另一种可能性或真相，这种眼力绝非天生可得。这种挖掘犯罪行为中隐藏征兆的能力，主要基于基础知识之上的经验和训练。

犯罪侧写发源于美国和加拿大，这两个国家也曾有过针对这项工作有效性的争议。犯罪侧写工作刚引入韩国警界时，业界也是众说纷纭。围绕是否有必要引入犯罪侧写师这一职业、侧写师从事哪些工作、侧写师的分析是否可信等问题，业界也曾有过大讨论。

对此我们不妨试想，虽然在犯罪现场并未查获指纹、足迹或摄像头监控录像，数字取证结果也未发现确凿的犯罪证据，但人们并不会怀疑现场勘查或网络侦查的有效性，只会认为真凶为不在现场留证据、实现完美犯罪下了不少功夫，然后转向考虑其他侦查手法。正如我前文所述，犯罪侧写也是一样，它不过是一种可根据案件特点视情况而选用的侦查技法。不能仅凭没拿到嫌疑人的供词或未能取得涉及犯罪动机的明确陈述，就怀疑这项工作的有效性。

近来，许多犯罪动机仅凭常识难以解释，且此类案件愈发频繁，甚至有的罪犯连自己都不理解自身的动机。因此，虽然当今社会重大刑事案件的发生数量呈下降趋势，但需要犯罪侧写师的地方越来越多。

犯罪侧写是科学还是艺术

读到这里，我想有些读者也许会纳闷：犯罪侧写工作究竟应归结为科学还是艺术？首先，犯罪侧写工作的基础是科学的知识，同心理学、社会学、咨询学、统计学等学科也有一定的关联。

如果一定要归结为艺术，那可以说侦查工作本身就是一门"综合性的艺术"。警方之所以能抓捕罪犯，既要依托常年侦办重大刑事案件的个人洞察力，同时要辅以数字取证一类的网络侦查、犯罪侧写一类的人文社科角度的配合协助，也离不开测谎、监控及刑警们的实地走访调查。

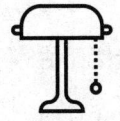

犯罪侧写师发光发热的时间

伪装为自杀的世宗市谋杀案

近来,犯罪侧写师突破重重阻碍,在工作中取得了丰硕成果,实际成绩远超媒体报道的情况。2018 年,忠清南道世宗市辖区发生了一起谋杀案,被害人被伪装成在日本大阪旅行中途自杀。查明后发现,嫌疑人贪图妻子的人身保险赔偿金,两人在完成结婚登记 10 天后,就赴日本度蜜月。丈夫在住处向妻子的双臂注射了尼古丁液和过氧化氢致其死亡,随后又将其伪装成自杀。我们在完成广域分析后撰写了心理侧写及谈话报告，这份报告被法院采用为证据。

2018年1月底，我们在分析陈述内容的阶段发现知情人与嫌疑人的陈述内容存在矛盾，并在完成被害人自杀可能性评估等工作后，向侦办组提出了侦查工作的切入点。2月末至3月初，我们通过第二轮分析撰写出心理剖析报告，还在与被害人周边的11人进行谈话后发现，尽管她的原生家庭确实存在纠纷，但她前期出现严重的自残行为，其根本原因还是与嫌疑人之间的矛盾。综上，我们评估后认为，她并不具备在蜜月旅行期间自杀的可能。

我们的工作并未止步于此。3月，在嫌疑人被捕后，我们又配合开展了审讯工作，通过与嫌疑人谈话，获取了他存在实施犯罪计划的供认陈述。此后，嫌疑人翻供、否认罪行，还一改之前的态度，称"只是辅助其自杀"。对此，我们再次协助侦办组制订了审讯策略，以确保警方能早日使其如实招供。3月底，我们又对嫌疑人进行了深入谈话和反社会人格检查，并在此基础上撰写了综合性报告。

说到犯罪侧写师协助办案，总有人误以为这种协助是贯穿办案全过程的。如同系列美剧《犯罪现场调查》中所展现的，犯罪侧写师几小时内就能抵达犯罪现场、搜集证据、锁定嫌疑人，再实施抓捕。这是大众脑海中的认知，但这却与现实相去甚远。犯罪侧写师虽然会跑现场，但并不会亲自去抓捕嫌疑人。

伪装为结伴自杀的蔚山性侵案

另一项成果是侦破 2018 年 8 月前后发生在蔚山的性侵案，此案现场被伪装成了结伴自杀。我们也参与了此案的广域分析，其间撰写的综合分析报告也被采纳为证据。此案中，嫌疑人通过即时通信软件中的隐藏对话框结识了被害女性，并劝说其一同结伴自杀。当月，他们在嫌疑人居所的卧室中服用安眠药后，点起了速燃煤试图自杀。所幸楼上的居民闻到了煤烟味及时报警，才未酿成惨祸。

2019 年 1 月，蔚山地方法院出具的判决书中，直接原文引用了侧写师撰写的报告内容："被告人极有可能借自杀为由试图性侵被害对象，或是在自杀的过程中尝试性侵……但考虑到被告人对其犯罪行为供认不讳，已深刻反省自身错误，且对被害人的协助自杀行为止于未遂；同时经过评估，被告人长期处于慢性抑郁状态，沉浸于自杀冲动中难以自拔，实际上在尝试自杀过程中发生的强制性猥亵行为多少存在偶发因素。以上情形均对被告人有利。"

也许大家会质疑，这也能算工作成果吗？然而，犯罪侧写师的任务，就是辨别清白之人和有罪之人，让有罪之人受到相应的惩罚，有效地维持起诉。因此，可以说这些就是我们最大的成果。

参加工作以来，我不仅要忙于处理眼前的业务，还要兼顾警察的一般性工作，忙得不可开交。自从得到大家的认可，被誉为"专家"后，我又产生了新的烦恼，开始重新思考犯罪侧写工作在公诉进程中的作用和地位。

如果你也想成为犯罪侧写师

在从事某种工作或进行职业选择前,考察个人性格与岗位是否相适配是很重要的,进入犯罪侧写师这一行则更应如此。这份工作带来的心理压迫感远强于身体上的疲劳,十分不易。至于其他困难,如果性格适配,再加上它最大的优势是能充分发挥自身的专业特长,想必都不在话下了。在韩国,虽然警察很看重衔级,但犯罪侧写属于专业领域,高层领导较少直接施压,实际工作中他人也无法轻易插手。然而,一旦发生重大要案或广域分析的日程敲定下来,就好几天都回不了家。虽然这种情况发生的频率不高,但的确存在,这种节奏和普通公务员固定上下班的生活存在一定落差。

犯罪侧写师的入门条件是拥有心理学、社会学或犯罪学硕士研究生以上学位，或者拥有学士以上学位并具有相关领域2年以上的工作（研究）经验，即必须在国家机关、地方自治团体及与公共机关同级的机构中担任预录取职位，或在相关细分职务中以正规编制人员身份全职工作（研究）2年以上，在学校或研究机构中的行政助教、研究生就读经历等则不能被计入过往经历。此外，虽然报考普通公务员没有年龄限制，但警务公务员要求报考人员满20岁且不足40岁；退伍军人则可根据其服役期长短酌情放宽年龄，但最多不超过43岁；同时，所有警务公务员还须持有1种普通级别以上的驾照。

韩国通过特殊招录渠道共招录犯罪侧写人员60余人，目前还有约35人仍在从事犯罪侧写工作，剩下的25人中有出国留学的，也有因育儿问题选择停薪留职的，还有因跑现场、看尸体过于劳累转去了其他部门，也有人干脆辞职转行了。

鉴于确实有不少人最终决定离开好不容易踏入的侧写师队伍，因此，在进入这个行业之前，确实有必要慎重考虑。这一点，我无论怎样强调都不为过。

冷静与热情之间

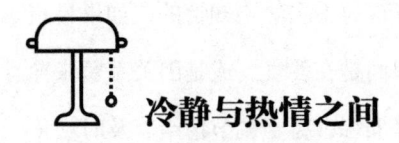

作为犯罪侧写师，最需要的其实是对人的关爱。案件发生在人与人的关系之中，侧写师在接触嫌疑人、被害人时，如果不努力将案情与人区别对待，就会很容易感到心力交瘁，开始对人性有所怀疑，有时甚至对这个世界心生厌恶之情。

其次，还需要灵活、开放的思维方式。再怎么经验丰富、能力杰出的犯罪侧写师，一旦在专业的世界里故步自封，其分析能力恐怕就会陷入原地踏步的境地，这绝非虚言。在分析过程中，犯罪侧写师动不动就会争论起来，你一言我一语，恐怕任何电影或电视剧里都难以见到如此激烈的场面，毕竟这在外人看起来可能会以为是真的发生了争吵。毕竟，最终的分析结果中不能存在连侧写师内部都尚未取得一致看法的结论，因此只要还存有疑点、没达成一致意见，就要一直探讨下去。不知情的人如果目睹我们的会议经过，可能会以为我们是在斗气，或是因关系紧张导致的。当然，我们都接受过良好训练，善于调节情绪、及时恢复平静，通常讨论会一结束，紧张氛围就随之烟消云散了。

曾有后辈在经历过第一次分析会议后跟我聊心里话，说生怕我们的争论发展成伤感情的口角之争，全程都提心吊胆的，被吓坏了。在热火朝天的讨论中，不仅要阐述自己的主张，还要注意听取对方的逻辑，如发现自身观点中存在漏洞，也要能快速接纳他人的意见。可能也是出于这个原因，才有人笑称记仇的人干不了犯罪侧写师吧！一旦探讨起某个焦点问题，会议常常拖到凌晨两三点，人都顾不上犯困，自然也就忽略了飞速流逝的时间。所以，想必读者朋友也已有所察觉，议事沟通能力和说服力也是犯罪侧写师不可或缺的素质。

然而，即使得出了令人满意的分析结果，也并不意味着犯罪侧写师的意见能够决定后续的侦查方向。我们还要邀请侦办组人员来参会听取情况汇报，说服他们也是我们的工作。只有侦办组透彻地理解分析结果并认同我们的意见，才能更专注于后续调查。

例如，分析结果显示凶手超过两人，也就是说至少存在一名以上的共犯，如果当下侦办组正按照一名凶手的思路在开展侦查，那么后续的调查内容或范围都将发生巨大变化。犯罪侧写师经过缜密分析和讨论后，如果得出的确存在共犯的结论，则需要采用不同于犯罪侧写师内部讨论的方式去说服侦查员。毕竟如果不听解释只看报告的话，侦查员在思路的理解上还是存在局限的。

即便用充分的解释和说明去说服侦查员，分析结果可能还是不被采纳。这也实属无奈，但至少开启了一种新的可能性，为继续开展侦查提供线索也是很有意义的。强烈的求知欲、逻辑思维能力、开展分析的热忱和能力、洞察不为人知现象的眼光和判断力，这些都是犯罪侧写师应具备的素养。要培养这些能力，我个人认为是需要一段漫长的岁月的。

除此之外，侧写师还要能熟练操作警察内部常用的各类计算机程序，如统计程序等，还要有撰写分析报告的基本功底。有时工作要求侧写师在短时间内梳理出一份让人一目了然的分析报告，因此也要具备使用快捷键等基本文字编辑能力。

有时候，我们也会遇到一些对犯罪侧写工作持有怀疑态度的指挥官（上司）。确实至今仍有人怀疑犯罪侧写究竟是否基于科学，是不是简单的"拍脑袋得结论"，还是依赖于某种特殊的技巧。其实结论是，我们有时依据分析法、借助科学的统计系统得出结论，有时则基于心理学理论、积累经验性的诀窍，从而形成一种技巧去分析得出结论。因此，犯罪侧写并不能锁定具体的犯案人员，将其归结为协助侦查的手段更为恰当。它有助于锁定嫌疑人的线索和侦查方向，缩小侦查的范围。

最重要的是善于倾听

在这部分的开头,我想先讲一讲后来者入行后的成长过程。刚考上警务公务员,还是理想中的犯罪侧写师,人会沉浸在喜悦中,第一年的时间转眼就过去了。对于警务公务员而言,试用期(被正式任命为某职位前先从事该岗位的实际工作,并保证能熟练掌握)的这一年时间里,为熟悉警察和犯罪侧写师的业务工作,我总是忙得不可开交,什么都无暇顾及。

进入第二年,遇到嫌疑人被捕,我就或多或少地能参与到后续谈话、撰写分析报告一类的事务中,浅尝到成为犯罪侧写师的滋味。和我当年刚成为首批犯罪侧写师时相比,现在的工作环境已大大改善，再加上前辈们的悉心指导，后来的年轻人都比预想中适应得更快，不久就可以作为专业人士，发挥出个人能力。我常欣慰于后辈们比我们更优秀，然而，尽管队伍素质提高了，但犯罪侧写师开展工作的环境依然不容乐观。

这样在职工作三四年后，不时会有后辈在独自苦恼多时后找到我。几年下来，他们已经被迫放弃了许多假期，也算用功钻研了业务，一天到晚都匆匆忙忙，却仍不确定自己能否称得上是一个专家。其他同事拿到了嫌疑人的供词，锁定了嫌疑人，怎么唯独自己颗粒无收？他们感觉到自己无比渺小，苦恼于不知是哪里出了问题、找不到前行的路，常常说得泪眼婆娑。这时，我总会朝他们微微一笑。别人在哭我在笑，看似有些不近人情。其实单凭他们这种反应，我就能体会他们一路走来付出了怎样的艰辛和努力。我很清楚，烦恼越多，他们就会成长得越快。

走到这一步，我想此后他们哪怕不借助旁人的帮助，也能找到自己的道路了。虽说沟通、分享和合作是他们毕生不能抛之脑后而要坚持的理念，但我深知，他们已经产生了内在动力，以后哪怕再走入死胡同，徘徊不前，也总能重新找回自己的道路。纵使我已工作10年有余，当案件摆在面前时还会时常感到烦恼，我仍然需要不断地学习钻研，翻看论文或书籍。其实我早已认定，自己必须终生学习。但无论再怎么坚持苦读，依然感受得到自己的局限性，这就是犯罪侧写师要走的路。然而，对侧写师而言，也有比学习更为重要的事。

最重要的是善于倾听

不久前，我在李海仁的《不要放下那份爱》中读到这样的句子，颇有诗韵：早起时把"去听！去听！去听！"挂在嘴边，晚上入睡前将"闻否？闻否？闻否？"记在心头……身为犯罪侧写师，倾听的确是应具备的首要能力，也是最重要的素质之一。

仔细倾听，远比任何态度都更为重要。策略都源自认真倾听，无论是谈话对象还是侦查员，或是我们的前后辈及生还的被害人，他们的话都要认真倾听。哪怕被害人遗憾身亡，也不能忽视尸体和案发现场留给我们的"话语"——答案就藏在现场。然而，没人能拍着胸脯保证：从未出现过因遗漏细节而耽误办案的情况。

据说，神在造人的时候，为了让人能更好地倾听，而不是倾诉，所以才留出了两只耳朵、一张嘴。写到这里，我也不禁开始反思自己在过去是否有懒于倾听的情形。我一到晚上就感觉嗓子干哑，大概是因为说了太多话，虽然对此我感到惭愧，但已在努力改正。

人常说，言多必失，面谈也一样。我们常在与嫌疑人的对谈中确认真相，他们说话的方式或态度是一方面，在描述或辩解犯罪行为的过程中，可能也会暴露出决定性线索。因此，无论怎么看，倾听都是至关重要的。

犯罪侧写师的压力应对法

作为警察，是否有自己的压力调控法，这也是我担任巡警招聘面试官时会提的问题之一。于我而言，这是所有职业都应具备的基本素养，也关乎一个人的自我管理能力。

面试中，我会问考生，如何处理备考过程中产生的压力？或者问，面试前的压力应该给你带来了巨大的压迫感，待会儿走出考场后你准备去做什么？个别考生会试图避开这个问题，回答说自己不大能感受到压力，至少这样的回答是很难获得良好评价的。现在想要一次性考过警务公务员可谓难于上青天，考生不可能轻而易举、毫无压力地进入面试环节。所以说，从没思考过这个问题，基本可以认定是缺乏调节心理压力的能力。

犯罪侧写师也是同理。在做广域分析的时候，我们常常要工作到深夜，等开完情况介绍会，整个人都精疲力竭。因此，待完成分析工作后，我会尽可能地找一些活动量较大的消遣。现在的室内运动种类繁多，如保龄球、室内射箭、投飞镖之类，选择众多，大家一起嬉笑打闹，那些繁复的分析内容自然也就被抛之脑后了。当然，和同事谈天说地也能起到一定作用。

比起喝酒或睡觉，我更建议大家通过一些活动量较大的方式来消解心理压力。即使不按我所说的，也至少应该去尝试一些新的方法，不能总用几种老方法解压，哪怕去树林小径中散散步，与树木花草说说话，或是随意出门走走，听听风声也好。对人心存关爱有助于犯罪侧写工作，为调节自身的心理压力，多亲近大自然，能使人的内心平静下来。

照拂人心的工作不会被取代

人工智能 AI 出现后，社会上一时众说纷纭，忧心自此人类会逐渐失去立足之地。2018 年，犯罪现场勘查国际论坛还组织了一场主题为"AI 与犯罪侧写"的脱口秀，以此讨论哪些职业能够留存下来，好尽早采取应对行动。不过，对于从事照拂人心工作的人来说，我们的工作量只会与日俱增，至少会比现在多。

人工智能、大数据等新技术的出现使人们的生活场景不断发生变化，人心本就复杂微妙，一定会滋生更多问题。如此想来，犯罪侧写师这份职业好像还不错？这是一份值得挑战的工作吧？今后我们能依托更加高精尖的技术来辅助开展工作，工作环境能进一步得到改善，但随之而来的，也要求我们倾注更多的心血。

如果让我再提几类犯罪侧写师必备的素养，我想应该是学会放下、区别看待工作与生活和保留判断的习惯。我在学习心理咨询时曾有过这样的例子：人类的大脑很神奇，但凡知情就很难再做出低效决策。不会有人明知没有好结果，还特地选"偏向虎山行"的错误道路吧？如同向计算机程序输入演算信息，人类大脑也可实现系统化管理。只要平时得到良好训练，就能在不知不觉之间做出高效明智的决策。

通常大脑的运作原理即为满足个人的欲望，但它常会混淆表面欲望和深层的真实欲望，因此偶尔就会趋向于与原始意图背道而驰或模糊不清的方向。如果人能培养出区分这两类欲望的能力，就能使自己的人生变得更加丰富和幸福。为满足欲望，人既能做出只让自己满意的选择，也能做出利己且利人的选择。鉴于任何人都不是独自生存的个体，因此符合后者的选择才是真正明智的决策。

试想一幅母亲怀抱孩子的画面：孩子在母亲的臂弯中，是无比幸福的；母亲抱着幸福的孩子，想必也会是一脸的欣慰和满足吧？这种能同时满足自己和他人的美好感受，自会激发人去创造更多类似的场景，这就会促使大脑每次都致力于做出同类的决策。也许您会不解，这与习惯训练有何关系？其实，正是得益于大脑中的这种激励机制，我们学会放下、尝试区别看待工作与生活的训练才成为可能。

在前来接受心理咨询的病人中，没有一个人的问题是不棘手的，比如"抑郁得不想活了""和丈夫过不下去了""孩子太让我操心，真不想管了"等。这些问题都不是单凭一次心理咨询能解决的，大部分都需要连续接受不少于10次的咨询。

然而，如果咨询师将谈话室中接触到的问题统统留在心中，甚至带进家门，恐怕他们自己也很难维系圆满的人际关系与和睦的家庭关系。因此，从一开始就要学习在走出咨询室时将问题搁置在门内，卸下肩上的重担；第二天上班时，再从前一日摆下的问题中挑一样必须带进咨询室的问题来处理，并不断重复这个过程。也许大家会怀疑这种"疗法"的效果，但惊人的是，重复练习一段时间后，即使不再刻意地假装卸下、拿起，也能自然而然地以轻松的心态走出咨询室下班回家了。这个过程也有利于我们把工作和自我分开来看待，我想这才是真正意义上实现了工作与生活的平衡吧。

犯罪侧写师见到的人不同于普通心理咨询室中的病人，有时要与拒不认罪的人打一场心理战，有时则要亲自赶赴犯罪现场确认既成事实，推理出未曾目睹的罪犯犯案的全过程。和普通咨询师比起来，犯罪侧写师承受的心理压力有过之而无不及。假设犯罪侧写师不能把工作与个人生活分开，那么工作中遇到的案发现场场景或被害人的样貌怕是会入梦而来。

工作上的事，留在工作场所尽情思考就好。这种练习过程其实也不是心理咨询师的专利，只要能充分理解我的言下之意，就能尽情去尝试和实践。先将自我与工作分隔开来，再做到当过度情绪化时暂时保留自己的判断，就能从压力中得到些许解脱。

然而，学会保留自己的判断并不容易，人在气头上时，总会认为自己都对，别人都站在自己的对立面，就算认识到自己有错也不愿承认。要保留自己的判断、客观地正视对方，或尝试跳脱出这种情景都有一定的难度。这时我们不妨这样想：我不是要承认自己的错误，只是暂不急于做判断罢了。关系一旦破裂，再想和好如初，就只能通过漫长的时间来修复。但即便如此，我们还是会发现自己有时仅用几秒钟就毁掉了此前艰难堆砌起的人际高塔，继而感受到十分真切的痛苦。

有时案件推进不顺，也需要再从头分析。上述训练也有助于犯罪侧写师在工作中及时修正案件既往的结论，毕竟如果过于笃信前期结论、一意孤行，就无法走出自己的思维定式，就回到了原点。

第三章

案件是社会的素颜

罪犯的自白中，凶残的举动往往都有自己的理由，如果二三十年前的预见已经成真，我们是否能为二三十年后的情形早做打算？

案件折射出的社会

时代在变迁，社会在发展，犯罪形式也发生了变化。从前的犯罪者多为扒手，犯罪多发生在人潮如织的地点；如今，不同形式的盗窃和诈骗犯罪频发，还出现了利用计算机或手机开展的新型犯罪，这在过去是难以想象的。

有人生活的地方，难免存在各种各样的矛盾，从微小的暴力到盗窃、抢劫，乃至杀人，各种矛盾都可能演变为犯罪。犯罪手法、类型及频发案件的形式都随着时代的变迁在不断变化，电信诈骗一类的钓鱼诱骗案和网络诈骗案，恐怕是以前想不到的犯罪类型吧。

近年来，随着科学日益发达，生活更加便捷，犯罪形式的演进速度也在加快，但犯罪预防、教育及应对方式却没能跟上时代节奏。这不禁令我反省，我们只是在不停地亡羊补牢吗？随着犯罪逐渐呈现出低龄化趋势，作案手法日趋精妙，我们如果还遵照过去的方式教育、教化人员，终究难从根本上解决问题。

我们难以通过比较杀人、抢劫、性侵、纵火、拐骗等不同犯罪类型在不同时代发生的频率来诊断这个社会，毕竟这些犯罪行为由来已久，至今依然屡禁不止，唯一的区别可能只是犯罪手法变得更加巧妙。在我看来，总结梳理哪些人会犯这些罪、作案目标是哪种人、犯罪动机为何、呈现出何种犯罪特点，才有助于社会问题的诊断。

基于统计结果制定出的政策或许相对合理，但我认为，过分迷信数据也可能导致我们逐渐偏离本质。比如说，近年来，随着监控摄像头等设备的安装日益普遍，抢劫、盗窃一类的犯罪活动发生频率多少有所下降，但随之而来的是案犯为掩人耳目、不被发觉，在作案过程中更加注重隐藏马脚。如果仅凭这一现象就得出结论——科技的发展有效地减少了某些特定犯罪活动，那么就会出现一个后果——一味埋头构建高精尖环境而忽略其他问题，这无疑埋下了隐患。

还存在另一种情况：部分人会因情绪受刺激进而犯罪。这不同于盗窃抢劫，不论装备再怎么现代化，仍在现实世界中不断发生，且施暴的严重程度与杀害、遗弃的手段也越发残忍。当然，这是站在接触大众媒体的普通人的角度上界定的。在罪犯的自白中他们都有各自的理由，对在大众眼中那些凶残的举动，罪犯往往都有自己的解释。虽然犯罪侧写师的工作无法涵盖一切案件，但我们接触的大部分都是重大刑事案件或社会广泛关注的重点案件及案犯，因此我想通过分析梳理韩国频发的案件类型来试着对韩国社会做诊断。

读到这里的你也许会认为，此章内容与自己无关，但我想，如果二三十年前预见的桩桩件件都已成真，那么我们是否也能从现在开始为二三十年后的情形早做打算？即便当下并不会马上发生在自己身上，可如果是下一代人即将面临的情况，事关我们家人的未来，我们就绝不能认为事不关己。

比如说，20世纪80年代末，我还在上初高中，那时大家就在社会课上探讨过社会主要组成元素由大家族向一家三口的小型化家庭过渡时期会产生的各种问题。到了今天，我们早已不用"大家族""小家庭"的说法了，但社会的剧变似乎就始于彼时，许多社会现象也已不同于那个一大家人聚在一起生活的时代。当时也有人担心人性会随之发生变化。

从 2006 年我刚接到工作调令到 2010 年期间，很多凶杀案至今尚未侦破。据我所知，这样的案件全国范围内超过 200 起。刚开始安装监控摄像头时，还曾有过许多指责和担忧的声音，认为此举会牵扯出侵犯人权等一系列问题。但不可否认的是，这些举措也有助于警方判断犯罪现场、改善市民生活环境，凶杀案拖成悬案的情况也有所减少。但这并不意味着凶杀案的数量大幅减少，只能说明案件的侦办效率提高，虽花了更多的时间，但几乎不再存在悬案了。下面就让我们一起来了解一下近年来频发的重大刑事案件类型吧！

最后的港湾也不复存在——家庭内部犯罪

十分遗憾的是,多发案件中我最先想到的就是发生在家庭内部的案子。前文中我提及初高中时讨论小型化家庭优缺点的经历,如今"小家庭"一类的说法已退出历史舞台,但细想来,这一现象引发的负面效应时至今日已逐渐显现。年轻人就算结婚成家,也可能不要孩子,或者只生一两个,三到四人组成一个家庭已成为社会常态。人们对"单身族""一人食""独饮"一类的流行语也早已耳熟能详。

当今社会,夫妻俩仅靠一方工作挣钱已无法维系家庭生计、扛起子女教育的重担。父母回家的时间越来越晚,即便住在同一屋檐下，工作日期间能面对面相处的机会也不多，全家人只能趁周末去关心彼此的近况。这样的情形越来越多，随之而来的就是家人之间缺乏有效沟通，平常琐碎的问题埋下误解的种子，导致矛盾日益加深。也许是出于这个原因，家庭内部的案发频率不断升高。根据韩国警察厅 2018 年发布的犯罪统计数据，杀人既遂（杀人行为已完全成立）案犯与被害人间的关系类型中，亲属所占的比例最高（31.7%），其次则是邻居或熟人（14%），最后才是无关人员（13.1%）。

子女杀亲案

2017 年 2 月的某一天，我在深夜接到一通电话后便匆匆赶往警察局。重案组的办公室里坐着一个年轻人，他外衣上沾染着多处血迹，看样子是在现场直接抓捕归案的现行犯。他戴着眼镜，埋头不语，沉默地坐在那里，一看就知道年纪不大。负责案件的警官介绍道，嫌疑人在现场被捕，并对自己的罪行供认不讳，但自此便不愿再多说一句。这种情况下，即使嫌疑人已经归案，还是会申请犯罪侧写师到场。

一般情况下，除非嫌疑人在身份确定、所有情形都指向明确的情况下依然矢口否认，否则基本不会在案件开始侦办前就执意开展谈话。尤其是遇到嫌疑人对自己的罪行闭口不言的情况，负责案件的侦办组其实也不愿申请谈话。但如果嫌疑人只认罪，不做其他陈述，调查记录上清一色全是提问，回答部分则是空白，就无论如何也要先打开他的话匣子，了解其作案理由。

除了身份证上的姓名和身份证号，我对他一无所知，因此这场谈话开始得十分谨慎。在这种情况下，我会先询问该如何称呼对方。纵使他确实犯下了杀人的滔天大罪，也不能在不了解动机的情况下妄下决断，要将心比心，哪怕是涉案人员也需要得到尊重，因此开场白显得格外重要。"您希望我怎么称呼您呢？"我一问，对方立刻回答希望我能使用敬语。但其实我已经在用敬语了，看来他最在意的就是这个。尽管谈话还没有正式开始，但站在作案人员的角度来想，大概他已经预料到我们会谈些什么了，无非是为何弑母，什么原因让他产生杀意，为何还要瞅准机会杀父。

他的眼神中透露出不安和警惕，我问他："吃饭了吗？"我对他礼貌相待后，他渐渐卸下心防，讲起了自己的故事：他是大学生，正处于假期，因为有实习时数的要求，最近正拿着微薄的收入在实习，几天前曾因父母阻拦而自杀未遂，等等。他还坦承自己正在接受阿斯伯格综合征[①]的治疗。他刚刚犯案不久，除了高度紧张和不安外，再无其他异样。当得知他有阿斯伯格综合征的事后，我就大概猜到他们家庭内部关系的形成上一定存在问题。

几天前，他试图从房间窗边跳楼，结果被父母拦下没能成功。那时起他意识到，要实现自己的心愿，就必须先除掉他们，这成为他浅层的作案动机。当天他实习结束，在回家的路上经过文具店，就进去买了一把美工刀，揣在兜里带回了家。他先对母亲痛下杀手，然后准备用同样的方法杀死父亲，可父亲目睹他的状态后大受惊吓而没有进门，才免于劫难。据他讲述，他被父母逼着选择了一条自己不情愿的出路，与人社交和工作对他而言实在过于煎熬，但每天又不得不硬着头皮去上班，完成实习时数，这一切都令他痛苦不已。谈话过程中他没有过异常举止，尽管我无法理解他的说辞，但他也算道出了自己的许多烦恼。

杀人行为及后续的毁尸过程过于血腥残忍，我不便多言。但对于毁尸，他也有自己的一套理由。想必大家会产生疑问：父母

[①] 阿斯伯格综合征：一种慢性精神心理疾病，特点是病人语言及社会适应能力发育迟缓，目前病因不明。患者难以理解他人感受，性情异常执拗，与人沟通交流困难，对社会信号反应淡漠，存在强迫沉迷自己格外感兴趣领域的倾向。

阻拦子女自杀难道不是天经地义？这能成为杀害双亲的理由？明明是精神问题导致杀人犯罪，这还能归咎于家庭关系中存在的问题吗？仅凭案犯自述的一两种理由，其实很难理解家庭内部矛盾爆发而导致的案件，因为案犯内心背负的痛苦其实已经在家人毫不知情的情况下积累了许久。起初还可能只是些许落寞，但这种感情会逐渐发酵为孤独、伤心、恐惧，继而升级为愤怒与怨恨，最终致其杀人。

我之所以介绍这个案例，不单是因为它特殊，还想说明家庭内部发生的大部分案件乍一听都令人觉得匪夷所思。案犯的作案动机可能只是出于看不惯大热天只有父母的房间开着空调，或者想要1000韩元（约合人民币6元）的零花钱去游戏厅玩却遭到拒绝，或者有人因为父亲出轨、对家人不忠却要求子女脚踏实地地勤勉生活……就对其痛下杀手。这些案子背后的缘由无一不令人瞠目结舌。

逢年过节，其他犯罪行为会有所减少，但却是家庭相关施暴或杀人案件的高发期。这段时间，包括犯罪侧写师在内，所有刑警都被搞得紧张兮兮的，大家都不露声色地衷心期盼能平静地度过节庆假日。尽管谁都不说，但大家心底的惶恐不安总是难以消解。

家庭内部的谋杀也并不仅限于子女杀亲，也有父母出于各种理由杀害自己的孩子，如孩子大胆顶撞父亲，喝酒回到家就对自己唠叨不停，不出门挣钱、成天看漫画等。此类情况中，也有不少人同时存在着一定的心理问题。

为何将矛头对准"家人"

说到这里，我们有必要重新思考一个问题：心理问题造成的异常行径，其发泄对象为何会是家人？人际关系是维持幸福生活的必备因素之一，想必不会有人对此存有异议。每个人对关系范畴的定义可能多少存在差异，但单是与喜欢的人一起谈笑风生，就能使我们得到巨大的安慰。其中，家庭必然是最早，也是最容易形成关系联结的集体。然而，现实中夫妻都忙于生计埋头挣钱，顾不上年幼的孩子，或者孩子从小就交由他人养育。在这个问题上，我们应认真思考，这是否会导致亲子之间缺乏有效的交流、陪伴，从而使父母的关心跟不上孩子的情绪变化？当然，即便身处相同的环境，个人也会做出各不相同的选择。哪怕是一母同胞，甚至是双胞胎都有各自的思维方式，针对相同情况会产生不同的认知和观念。

人类实属奇妙，有的人生来就具备感受情绪的特定系统，有的是在环境的影响下逐渐塑造而成的。相同状况下，有的人明显更为敏感，感受到的情绪更加激烈，还会默默受伤。特定情况下过度敏感的情绪以各种方式影响着我们的人生。旁人都若无其事，唯独有些人就是会因一点小事而受到惊吓，一站在众人面前就容易紧张，大脑一片空白，变得十分胆小，甚至因此成为同龄人调侃戏弄的对象。

如此一来，部分人为打消心中的不安，选择更加用功地学习，以获得他人的认可，并靠这种循环来取得成功。反之，也有人会不断因此受挫，在遭人戏弄后内心的创伤不断加深，再也无法恢复如初，进而躲进自我的世界，在待人接物方面始终存有缺陷。有时这些问题会反映在人们平日里的异常举动上，也有人在治疗抑郁症或躁郁症的过程中因不断累积的心理压力最终酿成杀害父母的惨案。

即便如此，心理疾病也并不是家庭内部犯罪的主要诱因。换句话说，尽管因心理疾病而发生的案件数不胜数，但并不意味着这些案犯生来就患有心理疾病，造成他们有抑郁、躁郁、不安、恐慌障碍等病症的应该另有原因。没有人能信誓旦旦地保证自家不会出现这些问题，就连接触过无数个家庭内部杀人案的我，也都无法信心满满地放下大话，称我家绝对不会发生这种事。

社会或国家也对家庭内部杀人案负有责任，我们所有人其实都难辞其咎。正如前文中所说，作案者会出于经济、赌债等理由贪图父母的财产，或憧憬着完美犯罪，继而犯下杀人的恶行。更有甚者在杀人后报警失踪，伪装成凶手另有其人或嫁祸给入室抢劫。

这就要求我们更加仔细地观察案发现场情况，审慎且精细地完成分析。世上不存在完美的犯罪，无论多么完美的伪装都会露出马脚，真正的凶手一定会在现场留下痕迹。因此，没过多久，大部分犯案人员都会被捉拿归案。即便如此，仍有人抑制不住瞬间爆发的情绪，犯下故意杀人的滔天重罪。

近期，社会上出现了"工作与生活的平衡"（Work and Life Balance）这一概念。我欣慰地注意到，不少公司设立了"家庭日"，周末应陪伴家人的观念也变得越发广为人知、深入人心。我们应竭尽所能地进一步扩大这种社会氛围，推动这种发展趋势，也需要从国家层面进行鼓励，进而实现所有社会成员的观念转变。尤其要关怀家有学龄前儿童的员工，教授他们如何与子女共度有意义的时光。其实这些本是学校里应教的内容，但员工们早已错过了学生时代，因此应由社会来继续承担这一责任，以防止社会成员单纯因为不懂如何去爱、如何与孩子共处，不明白如何使自己幸福而做出出格的选择。正如前文中所讲，人类只要好好学习，就绝不会做出无效决策。因此，哪怕是付出一些社会层面的经费，也具有投资的意义。

韩国统计厅于 2020 年 6 月发布的人口动向报告中指出，原先韩国育龄女性的人均生育子女数为 1.3 名；2018 年，该数据则跌至 0.84 名，已少于一人。这个数字在美国是 1.78 名，英国为 1.75 名，日本则一直维持在 1.44—1.5 名的水平。这样对比下来，韩国不仅存在人口出生率低下的问题，长远来看，劳动人口不断减少还可能形成更多隐患。尽管政府目前制定了各种形式的鼓励生育政策，但尚未显现出明显效果。这种现象与家庭内部犯罪之间存在着怎样的关系？说来也许令你惊讶，但我还是想对此做进一步的阐释。

虐童案

家庭内部犯罪的另一种形式，是虐童及虐童致死案。前述案件讲的是子女杀亲，接下来要论述的则是父母虐待或杀害子女案。虽然医疗机构及儿童保护专业机关的早期发现和介入，让不少孩子能够及时获救,甚至免于一死,但在发现当时,孩子的状态也已难以用语言描述。

　　虐待儿童乃至致死的案件主要是父母或养育人所为,若犯人为父母,他们的年龄一般都在 15 岁至 25 岁之间,大多是小小年纪还未取得自己父母的同意,就与人同居生下了孩子;即使征得了同意,也从未得到过身边人的任何帮助。涉案父母本人正处在贪玩的年龄,自认为被下一代拖住了后腿,内心的压力难以排遣,只能发泄到手无缚鸡之力的孩子身上。随着施暴的强度和频率与日俱增,长期的暴力在不知不觉之中让孩子走向死亡。

　　2019 年 10 月,警方接到报警,报警人称自家的孙女死了。赶到现场后,我们发现孩子的脸和四肢有多处伤口,小小的孩子被裹在被子里,放在一个箱子里面。现场还有两只宠物狗,也许是它们把放在玄关入口的鞋子叼进了室内,房间里四处都散落着鞋子。孩子的尸体已经开始腐烂,屋里全是狗的排泄物、狗粮一类的杂物,难以分辨这里究竟是垃圾场还是人的居所。

　　孩子的父母都不过是十几岁的孩子,彼此推卸着育儿的责任,爸爸常年泡在网吧,妈妈则整天与同龄朋友厮混在一起。两人偶尔回一趟家,给孩子喂几口牛奶后就又出门了。这样的生活日复一日,谁知中途两个人都连着好几天没回家,孩子可能就在这期间发生了不幸。事发后,孩子的妈妈把这件事告诉了朋友,朋友联系了孩子的奶奶,我们才接到了报警。让新生儿和宠物狗单独共处一室已经很难让人理解了,初步断定,孩子额头和四肢上的伤是宠物狗啃咬出来的,这更加令人难以接受。父母俩声称,要出门时会把狗锁在浴室,估计是它们自己开门跑出来的,平时在家的时候他们从未让狗和宝宝共处过。这个案子使我不禁思考,社会要关注的恐怕不仅是低水平的生育率,是否也应关注并制订可行的方案确保已经出世的孩子都能平安长大?

除了报警处理的虐童案件外,社会上也常有遗弃新生儿的情况。据我所知,还有许多儿童由福利院抚养长大或被领养至国外。我希望大家能意识到,这不仅仅是个人的问题,也是社会层面应承担负责的领域。希望人们能记得,身边濒死的孩子其实比我们想象中的要多得多。我们应尊重每一条生命,尤其是孩子的生命,这是我们身为大人的责任。

性侵案

另一类与家庭关系破裂密切相关且令人不忍直视的案件,就是家庭内部的性侵案。再将范围拓宽一些,可定义为亲属间的性侵案件。日常生活中，我们会不时通过大众媒体接触到此类消息，大多数人都不愿承认这个事实，但实际上该类型案件的发生频率非常高。也许大家会认为只有在非亲生父母的情况下才会发生这样的事，然而，现实中很多案件恰恰就是亲生父亲、母亲、亲兄弟姐妹或旁系亲属造成的。

此类案件的犯案人员动用了另一种形式的暴力——性暴力，即采用更加隐秘、"巧妙"的方式向弱者施加了难以洗刷的痛苦，他们恶意利用性暴力不易被发现、难报警的特点，长期折磨着被害人。现实中，有年幼时遭遇性侵的被害人苦恼、痛苦了数十年之久，直到长大成人后才鼓起勇气报警；也有人因难以忍受长期的折磨，艰难地向身边人寻求帮助，才得以报警立案。

对性产生好奇和抱有浓厚兴趣，是我们成长过程中十分自然的经历，但问题在于，所谓性侵，可不是同龄人之间身体轻微摩擦、碰撞而已。加害者可能不以为意，但对于被害人而言，当时的记忆却可能使其难以正常地与异性交往或结婚，甚至毕生都会被困于心理阴影之中，在没有铁窗的心牢中度过余生。

家庭内部的性侵是成年人长期强迫实施、恶劣程度极高的犯罪行为。它延续的时间长，案犯甚至还会使出各种手段来威胁被害人不许报案，或是通过要挟家庭中的其他人拖延被害人报案。

这些性侵犯者交代的犯罪动机则更加让人难以理解，有人说是为了教训不听话的妻子才性侵自家的孩子，也有人说："没钱去情色场所，那你让我怎么解决生理需求？"甚至还有人拿家庭教育中的礼节问题来为自己开脱："子不教父之过，性方面的事也得由父亲亲自教，不过有些过火了嘛！"

原因与对策

家庭内部杀人、虐童致死及亲属间性侵一类的案件从实质上来说，均关乎家庭关系的解体，很大程度上与个体情绪存在直接联系。

在大人们看来，孩子在成长中总会有调皮捣蛋、散漫不听话的时候，于是这才有"三岁孩子狗都嫌"的老话。但从成长发育的观点来看，每个成长阶段都有其不同的发育目标，他们的行为或许只是单纯遵从了不同阶段的发育需求。其实，只要能好好地照顾他们，保证他们安全成长，孩子大概率就能长成我们期待中的样子。在此过程中，如果大人能再给予他们情绪上的支持，多表扬、多鼓励，也许孩子还能展现出更加积极的正向能量。身为成年人，我们应不断反思，是否总在试图控制孩子、向其施压？

有没有时不时地使用暴力，不断向孩子灌输不信任、自卑等负面情绪？

在养育孩子的过程中，我经常会意识到父母角色对孩子的重要性，也时常会迷茫，不确定自己的决定对孩子来说是否正确。孩子处于婴儿期、幼儿期及儿童期早期阶段时，尚且无法与父母正常对话，我心中的不确定更甚；度过这段时期后，要培养孩子独立的人格，这更是一件难事。我想，现实中应该不乏因成长过程中不经意间受到伤害而变得畏畏缩缩、谨小慎微，在此后的人生中始终缺乏自信的人。

我在案发现场遇到的大多数嫌疑人，无论是出于长期压抑的情感，还是因为当下无法控制愤怒，最后都通过犯下重大刑事案件的方式才发泄出了因对方产生的不良情绪。家庭，作为社会最小的组成单位，应保证其内部沟通的畅通有效。我们不应将其视为社会个体的问题，而应将其作为严重的社会问题，积极制订对策并给予密切的关注。这些案件的影响力颇大，况且也无法排除再发生的可能性，因此不能将此类重大刑事案件归结为某个家庭内部的问题。另外，它不仅限于家庭内部，而且可能以更加离奇的形式在其他社会结构单位中发生，因此，必须保持警惕之心。

我已多次阐述过针对预防虐童案件的建议，就是在各个小学、初中、高中学校中设置素质教育科目，让所有人都能了解学龄前儿童的发育过程；或针对领取保育津贴的人员开设必修课程，确保其接受一定程度的培训。可以预料，一定会有人反对我把教育当成领钱的条件，但一想到那些受到侵害、无辜丧命的孩子，我坚持认为这个要求并不过分。

我们力图通过各种政策来提升生育率，却要眼睁睁地目睹已出世的孩子平白夭折吗？把生下来的孩子好好养大不也是同等重要的一件事吗？从这个意义上来说，我认为无论怎样强调婚前夫妻教育及父母培训的重要性都不为过。家庭内部的互动不断对彼此造成的伤害，最终导致子女对父母、父母对子女施加暴力，这对双方而言可能比其他犯罪都更为残酷。

虽然这些问题归咎于个体接受的品德教育不足，但我们仍应主动作为，如果一个人在成长过程中并未从父母或主要监护人处受到积极的良好影响，那也该给他们一个挽回的机会，使其通过学校教育弥补这种缺失。如果学校教育也难实现，就该努力为其提供为人父母的培训等第二或第三道防线。

心灵受伤之人不断增多——精神疾病引发的犯罪

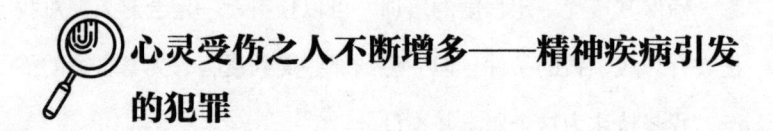

第二类是因精神疾病引发的犯罪。我想大概每个人都有过这样的经历，在和家中老人聊天时，会发现无论哪个片区都总有一两个精神不大正常的人。现代社会中，存在心理问题的人远超出我们的想象，许多人都饱受精神压力的折磨，几乎每个人也都经历过心理状态不大稳定的时候。

随着科技的发展，人们在网上花的时间越来越多，这反倒滋生出人们对沟通的渴望。网络是无法消解精神匮乏的，因为它无法满足人们面对面交流时眼神的交换、情绪的直接感知所带来的安定感。许多精神科医生认为，患有精神病的人不一定都存在暴力倾向和犯罪隐患，他们中有的人反而会表现得更为消沉，总想去没人的地方把自己藏起来。在某些问题上我也赞同这一观点，但也仅限于探讨强制住院等问题上。例如，我并不认为所有患有精神疾病的人都必须强行接受住院治疗，但这个群体又的确是威胁警察人身安全的潜在因素之一。

有报告指出，韩国的成年人口每4人中就有1人在一生中不止一次有过抑郁、不安等心理健康问题。韩国保健福祉部对精神疾病现状的调研结果显示，2016年成年人口中精神疾病的终生患病率达25.4%，患病总人数破千万，一年期的患病率约为11.9%（约合470万人）；其中，酒精滥用率为12.2%，焦虑症占比9.3%，情感障碍占比7.5%。要让所有患病人员都接受住院治疗，并在痊愈前对其进行保护，所需的场地和花销都不是小数目，缺乏可行性。而且，将这一群体与社会完全隔离开来，也会对其个人的生活质量造成重大影响，从这个角度上说，我也难以苟同。最理想的解决办法还是共同思考社会个体应如何管理自身疾病，社会又应如何进行引导。

部分精神疾病会让患者出现妄想症状，我们也在工作中发现，部分案件中幻觉、幻听、幻视等症状都会影响到当事人的行为。患者（犯人）总觉得有人在监视自己，每天都有人找上门来对着自己耳朵说悄悄话。他们认为自己在被人监视、操纵,但却从不敢宣之于口,哪怕是身边的家人也不予透露。平时他们还能忍得住,对"骚扰"充耳不闻,但案发时却偏执地认为如果不对其言听计从,那死的人就会是自己,所以犯案属无奈之举。我还遇到过一个人,他明明一个人被关在拘留所,却总说牢房里到处都是龙虱①,搞得他连个坐的地方都没有,晚上也没法躺下睡觉,很受折磨,求警察赶紧把这些虫子都弄出去。

　　偶尔也有案犯假装自己患有精神病,想被送去治疗监护所,这就需要对其病情进行鉴定。但针对真正饱受精神疾病折磨、走上犯罪道路的人,则需要从另一个角度思考。我们应从社会层面积极研究预防性方案,阻止他们落入犯罪的深渊。如果案犯已被收押,则需要进一步提升管理能力,使其能在狱中的治疗监护所内积极接受治疗;同时应完善相关系统和基础设施,妥善地对其进行管理,使其出狱后还能重新回到社会生活。

---

① 龙虱:俗名水鳖。成虫体长13—45毫米不等,可入药,在中国有"水中人参"之称。——译者注

孤独与愤怒的爆发——随机犯罪

第三类是随机犯罪。起初，随机犯罪还被定义为"无动机犯罪"或"动机异常犯罪"，近期才统一使用了"随机犯罪"这一说法。此类案犯交代的犯罪动机虽存在诸多不合理之处，但都有各自的理由，因此使用"无动机"来描述其行为并不贴切。他们多为压抑已久的压力得不到释放，或在职场、家庭等积压下诸多不满，转而宣泄到了非特定的多数人身上。社会生活日益便利，为适应跃迁的环境，个人也承受了巨大压力，我想此类犯罪就属于无法适应社会节奏的表现之一。

孤独，在字典里的字面含义是"形单影只的苦涩心情或感受"，人类是社会化动物，当无法与他人沟通，被人群隔离时就会感受到这种情绪。这种感受是极其主观的，也许有人会问，生活节奏这么快，吃喝过活都忙不过来，哪还有时间寂寞？但反过来想，如果有人跟不上世间日新月异的变迁速度，自己从这一切中剥离出来，是不是就会感到孤独了呢？

人们不时就能从大众媒体上读到"厌女犯罪""仇老犯罪"等报道，与其说此类犯罪是真的出于厌弃、仇恨女性或老人，不如说犯案人员在选定作案对象时，专挑了那些一般情况下可以轻松压制或是弱于自己的对象。我们此前在看待这类犯罪活动时，或许视角存在偏差。

同时，这也属于一种转嫁型犯罪，其犯罪动机往往与被害人并无直接联系，单纯是犯案人员把对社会的不满、个人的心理压力或对他人的愤怒发泄到了无关之人身上。其作案对象是非特定的普罗大众，作案方式也五花八门。转嫁型犯罪不由罪犯与被害人间的互动触发，是犯案人员的特殊经历导致无关人员成了受害者。但不可否认的是，这类犯罪中，也有一部分本就患有精神疾病的案犯。虽不能一概而论将精神疾病引发的犯罪统统归类为随机犯罪，但在工作中，我时常发现许多犯案人员虽并无精神科诊断，但的确疑似存在心理障碍。

随机犯罪的作案形式较为多样，从单纯伤害到纵火、杀人都有。被捕后犯案人员往往对被害人一无所知，也不存在仇怨一类的纠葛。然而这样的犯罪却可能会对被害人造成终生难忘的心理阴影，影响十分恶劣。这类犯罪活动中，有人在地铁、公交车及其他公共场所安装爆炸物，有人持管制刀具出门划伤穿短裙女性的腿，还有人专挑那些没有公德心的人，不问青红皂白就是一顿痛打，作案后又若无其事地回到住处或返回工作单位上班，他们不断重复着这些犯罪活动，直至被捕。

曾有人在下班回家的路上点燃了路边的垃圾堆，一开始因走运没有落网，此后逐渐胆大妄为，在堆满了可回收垃圾的地方公然放火。这样做很可能造成重大火情，作案人或是被吓到后主动打火警电话报警，或是旁观他人灭火，从中获得莫名的快感。当然也有与故意杀人相关的犯罪。当这些作案人控制不了自己的愤怒或压力在街上乱逛时，因为有人看着他，让他感到不悦，或因为别人冲他笑、试图躲闪他，或是大晚上还在外面晃悠……总之，任何理由都可能让他们对无辜之人下手。

也许有人教过你应注意哪些细节才不会被选为作案目标。但我认为，此类犯案人员的对象实则是非特定的大多数人，我们无法彻底躲开他们的雷达网。我顶多提醒大家，如遇上毫无理由就上前挑衅的人，尽量不要与其搭话，要尽快离开现场，不知这能否算作是一个建议。及早逮捕嫌疑人是预防随机犯罪的唯一方法，哪怕第一时间赶往邻近的派出所报警详细描述现场的情况都好，这种意识至关重要。

我的爱就是你的爱——约会暴力

最后,我想谈一谈约会暴力。韩国社会中,约会暴力案层出不穷,这个术语在 20 世纪中后期开始在社会中普及开来。每年平均会发生 9000 余起情侣间的暴力案件,且再犯率高达 76%。被害人遭到殴打后先是选择原谅加害方,后续又再遭受暴力对待,这种恶性循环正持续增加。

两个互有好感的人成为情侣,怀抱着对彼此的爱意相互陪伴,这本是一桩幸福美好的事。但对喜欢的人生出占有欲和偏执心,或因爱人的行为不符合自己的预期而产生不满、厌倦,或是两人性生活不和谐、价值观不合,再加上周边环境的影响,这些形形色色的诱因都会让性格不同的两个人产生摩擦。

这些摩擦如不采用合理途径解决，反而诉诸暴力，就会同时伤害加害方和被害人。时间拖得越长，约会暴力会不断加码，危害程度也会进一步加深。刚坠入爱河时，对彼此的兴趣和爱意能使人忽略掉一些问题，但若不妥善解决，问题最终会逾越爱情，发展为偏执和控制。无数的先例证明，受害方起初一两次选择沉默和原谅，再发展下去，彼此间的关系可能就慢慢纠缠为错综复杂的线团，成为彻底解不开的死结。

曾有过这样的案例：只要两人不在一起，被害人就总要求视频通话，嫌疑人主张自己使用暴力同样也只是为了管理对方，也是正当的行为。正常与非正常的界限虽难以一概而论，但不论过去还是现在，不论是过度偏执对伴侣实施物理性的殴打，还是以对外发布照片或视频为由威胁他人，都已经超出了正常范围。此类犯罪往往不会止于普通殴打或故意伤害，还可能同时伴有强奸、猥亵等性犯罪、威胁罪或强迫罪、强闯民宅等各类刑事犯罪。不知你可曾听过"暴力会成为习惯"这句话，长期身处约会暴力、家庭暴力或习惯性暴力环境之下的被害人，常会出于对施暴者的怜悯、恐惧及其他复杂感情，选择不予积极应对，反而逐渐习惯这种刺激性较强的环境，施暴者也会对自己的暴力行径变得麻木冷漠，逐步形成恶性循环。

约会暴力的案件中不用"犯案人员""嫌疑人"一类的术语，而使用"加害者"来描述施暴方，此类犯罪的处罚力度也较轻。和跟踪尾随一样，约会暴力的报案率很低，即使有人报警，警方要立案调查，报案人主动撤案的情况也时有发生。事实上，许多约会暴力案比其他犯罪对被害人人生的破坏力都强，几乎能将其人生毁于一旦。被害人出于对加害方的怜悯或恐其报复，不敢告诉家人朋友，总试图私下里自己解决，他们中有的不愿接受曾经一度信任爱慕的对象摇身一变成为加害者，有的会因幸福时期拍摄的视频等受制于人。

藏在爱情糖衣下的暴力，其产生的深层原因不胜枚举，但我认为最大的根源在于不尊重对方，总试图占有对方。盖瑞·查普曼的《爱的五种语言》一书中指出，爱的第一种语言或许因人而异，但一旦错认为"我的爱语"就是"你的爱语"，且这种错觉演变为偏执，下一步恐怕就会转为占有欲。

家庭与情感是症结所在

前文中我们分类了解了不同类型的犯罪,总体而言,可以说大多数犯罪都与"情感"密切相关。此前韩国的经济增长速度位于世界前列,韩国国民一味向前奔跑,一路走来却没能顾得上理解对彼此的情感。

韩国社会压力指数高,幸福指数低,社会安全网较为脆弱,致使国民健康问题层出不穷。此外,韩国社会的生活满意度指数只有5.8,在经济合作与发展组织成员国中处于最下游。相比之下,那些压力较小、幸福度较高的人通常有着过人的"心理弹性",这种能力常被称为"心理的恢复弹力"。这使他们在遭遇较大打击或面临突如其来的危机时，能够更加从容、灵活地应对。人生在世，谁都会有跌落谷底的时期，在这种关头下，个人今后的人生面貌往往取决于触底反弹的本事有多强。

通过复盘我们不难发现，不论何种犯罪类型，酿成犯罪活动的首要原因虽均关乎情感，但其根源似乎都来自家庭。"最基础的社会集体""命运共同体""血浓于水""胳膊肘向内拐"，这些都是我们日常生活中常听、常用的话，韩国社会存在着以血缘、学缘、地缘等纽带将个人捆绑为共同体的文化倾向。其中，也许唯有家庭是个人无力选择的一种共同体。

我向来偏好"选择理论"，即"万事皆为选择，选择的责任在自己"。我相信基于这一理论的现实疗法能够有效地宽慰人心，所以一有机会就力争用各种方式来应用此法。大学期间，我接触到了心理学；结婚生子后，我也考虑过能否从小就让孩子自然而然地践行这种选择理论。与此同时，我也读过一些书，书中称教育学学者或心理学学者往往会在孩子的教育上步入歧途，所以我不会断言自己所信赖的方法就是真理。

读研期间，我把从相关研究中学习到的各种知识用在了自家孩子的教育上。孩子们如今都已长大成人，但还没有方法能验证他们是否成长良好，就算能验证，也无法确定是否得益于我选用的选择理论。他们能有平淡充实的人生，我就已经十分感恩了。总之，这个理论的确具有吸引力，值得我用在自己的孩子身上，这也令我一直笃信至今。

还有一点令我感到荒唐：家庭是构成社会基干的细胞，它既是个人得以稳定发展的基础，也是维持社会稳定的基础能量源泉。然而，我们却在家庭出身的问题上毫无选择余地，也从未深入思考过这极为单纯的真相中竟存在着这种矛盾。也许是因为过于理所当然，我们才忽视了这个问题吧！

若想改变难以改变的事实

该如何解决韩国涉及犯罪的社会性问题呢？在思考这一问题时，我突然产生了这样的想法：在家庭这一社会细胞的问题上，我们既没有选择的能力，也没有因不满就能轻易逃脱的本事，或许这就是我们直面的现实。但即便如此，也并不是再无办法改善。会不会是各种社会系统使我们无法安然接受这种理所当然的事实，才造成诸多难以承受的问题横亘在我们面前？

"我爸妈不是我喜欢的类型，请把他们换成我想要的人吧！""这种野心勃勃、随心所欲的人可不是我梦想中的哥哥（或是憧憬过的妹妹），我想要这样或那样的哥哥（或妹妹）。"无论何时何地，这种话我们都说不出口。假如我们能事先考察父母家人，挑中喜欢的类型再降生到这个世界上，那该有多好？然而，这都是天方夜谭。就算有人这样想过，恐怕也会立刻把自己定为罪人，私下自责不已，赶忙把这种想法深埋心底吧！

既然如此，不如思考从现在起我们该做些什么、如何行动。我为何是我？这个问题难以解释，也没必要解释，我们只能接受。这世上还有许多其他与之同理的事，家庭便是其中之一。眼前的人为何偏偏会成为我的父母？这个问题没有人能给予明确的解答，它需要我们在出生、成长的过程中自然而然地接纳。此外，喜欢也好，讨厌也罢，我们都要具有与家人同舟共济的心态。我们必须观察家庭内外是否存在环境诱因，令人过于执着于"自我"而忽略、轻视了"我们"。

人人都需要养成这样的心态，但如果自己长期处于矛盾状态下，就需要评估一下自己是一个怎样的人。成年之前，一个人无论发觉自己存在什么问题，都难以在当今韩国的社会文化氛围下大刀阔斧地改造自己。但等到高中毕业、长大成人，就产生了改变的力量，也拥有了足够的机会运用学识和自觉力去改造自己。或是，应该相信自己拥有这种能力，只要相信、接受，就能自然而然地产生这种力量。此言不虚。

首先,究竟韩国社会中的哪些问题致使我们无法学会接纳理所应当的事实呢?有观点认为,历来重视儒教礼法的韩国文化陈旧迂腐、封闭拘束。或许症结确实在于我们过度固执地强调这种文化氛围,但让孩子学习彼此间的称呼、问候礼节和行为规矩,又是非常有益、值得推崇的。

所有社会都有适用不同情境下的行为规范,每个社会成员也需要一个熟悉、接纳这一切的过程。然而,在当今社会中,究竟是谁在充当这一角色呢?社会是否赋予了我们每个人学着去培养基本人性的机会?又或者说,我们应重新检视社会,是否给予了我们充足的时间去经历这一历程?

我们生活在一个巨大且多元化的社会之中,与传统社会相比,我们面临的情境更加多样,人际关系也更为丰富,但现实留给我们学习、熟稔人际关系的机会却比以前更少了。现代人被迫在各种环境下建立起繁复的人际网络,每时每刻都要维持着得体的人际关系,要快速适应这种情况,实属不易。对一个女性而言,只在家庭内部,就可能要同时扮演女儿、姐姐、妹妹、妻子、母亲、儿媳、妯娌等角色,要是再把范围扩展到职场、社团、宗教团体等场景,那么个人所要扮演的角色更是不计其数。

犯罪侧写师在案件中接触到的犯案人员则是在人际关系中更加不懂怎样的处理方式才是恰当的，并在应对中表现出过激反应的人。然而只有犯罪人员如此吗？当别人听不懂我的语意时，当我偏离初衷、遭人误解时，当我恨不得马上扭转局面或讲出真相时，即使对方比我年幼或各方面有所缺陷，如果意识到错误在我，我难道不都应当做到勇敢地低头，坦承自己的错误吗？

受新冠肺炎疫情影响，学生无法到学校上学，人与人之间保持着社会距离和生活距离。尽管眼下的形势依然严峻，社会气氛十分压抑，但也为我们带来了新的启发。这场疫情让许多人习惯通过网络来学习知识，如今新学期已经开始，学生们还是只能在线上开学和听课。鉴于此，我想提个建议：

如果能开设网络课堂，教授发育心理学等有趣的心理学课程及家庭关系一类的人际关系课程，让所有人都能通过网络教育学习，那将如何呢？何不尝试设立一个"教养科目周"，利用丰富多彩的方式去学习处理人际关系呢？过去那些难以实现的创举，时至今日都已出现了可行的希望，我们可以憧憬一种全新的教育模式，即教室、家庭和社会三者能如同齿轮般严丝合缝地配合运转。如果这束光能照进现实，那我深信下面的这些案例，不必我过多介绍，就会成为家家户户时常发生的事。

我们该如何进行对话

我想给读者朋友们讲述一个近来听说的故事,想来许多人应该都有过类似的经历:

这是一个高二男生和自己父亲之间的事。父子俩关系还算不错,周末偶尔会一起出门去买黑胶唱片,聊一聊音乐。虽然不清楚二人内心深处的真实想法,但从表面上来看相处得十分融洽。尽管父子俩在音乐上的喜好有所不同,但也算不上什么大问题,只不过儿子常会提醒爸爸,不要随便动自己珍爱的唱片。有一天儿子说了好几遍,可父亲没将儿子的提醒放在心上。

儿子平时上补习班总是很晚才放学,爸爸就负责接送。有一天快到上课时间,爸爸却没找到儿子,事实上儿子已经出门了。爸爸为此心里念叨了几句,嘴上也没说什么。快到放学时间,父亲照例把车停在数学补习班门口等候,谁知下课都一个多小时了,还是不见儿子出来,于是他拨通了家里的电话。妻子莫名其妙,回答道:"孩子早就到家了呀!"紧接着还慌忙解释道:"我以为你把他送到家门口,自己在外面修整车呢,所以就没打电话找你。"

挂了电话之后,妻子便说了儿子几句,问他到底是怎么回事。儿子说，今天不想跟爸爸说话，就提前出门了，放学后又专门绕路走回来的。妻子很清楚丈夫的性格，丈夫到家后难免要发一通脾气，这使她心里紧张又焦躁，便把这个闹剧的始作俑者——儿子训了一顿。谁知儿子竟十分平静，他知道父亲的性子，"闯祸"之前就已经暗自做好了心理准备。

孩子刚一头钻进自己的房间，丈夫就回来了。妻子一路跟在他身后解释，手足无措，说得前言不搭后语。谁知丈夫换好衣服后，直接就上床躺下了。妻子问他："你没事吧？"他说："我已经连发火的力气都没了。"说完丈夫就闭上眼睛睡觉了。第二天，他上班后发短信问妻子，儿子究竟为什么跟自己赌气。妻子提前听孩子说过事情的经过，就告诉他说，可能是因为黑胶唱片的事。

下班后，父亲回到家，径直走进了儿子的房间，他买了一张儿子平时喜欢的唱片送他，说道："爸爸不想跟你闹掰，也没想到你会那么生气，以后爸爸会注意的，要是再犯错，你就随时指出来。"他说完便起身，这时儿子也小声说了句："我也有错，对不起。"妻子跟我讲当时的情况时说，以丈夫平时的性格，是不可能这样做的。她万万没想到他能有这样的举动，虽想不通其中原委，但却深受感动。

那天后，父子之间的关系变得更加亲密稳固，父亲也没有再对儿子的错误穷追不舍。假如他当时质问孩子："虽然爸爸也有错，但你就没有一点点错吗？"或是说："再怎么生气，你明知爸爸还在那等你，怎么能这么干？"那情况恐怕就有所不同了。上面这个事例中，妻子也觉得丈夫做得非常棒，因此还想对他更好一点。

下面这个例子虽然有些久远了，但我还是想谈一谈。这是我从事犯罪侧写师之前，在心理咨询室工作时遇到的事，因为印象十分深刻，就一直记到现在。

来咨询的是一位孩子的母亲。由于他们夫妻二人都有工作，下班都晚，既要照看孩子又要顾着上班，有些力不从心。于是在纠结了很久之后，他们决定把孩子送去乡下的父母家，每个月去看望一两趟，或者放假时接回来一起过几天。于是孩子上小学前，一直都跟爷爷奶奶一起生活。

转眼间孩子到了该上小学的年纪，他们咬咬牙将孩子接回了家，并决定借助保姆的帮助照顾孩子。"家庭战争"从那时起就打响了。孩子不听话，随心所欲地耍小性子，但凡父母指出他的错误，他就撒泼道："奶奶就从来不说我。"亲子间的问题层出不穷，棘手的事不止一两件。

孩子在爷爷奶奶膝下长大，缺乏管教，没个规矩，父母软硬兼施，骂也骂了，哄也哄了，却没什么效果，于是他们来到了我的咨询室。他们说起初念在让孩子与父母两地分居，心中有愧，就对他的恶行睁一只眼闭一只眼；结果上小学后，他越发地不听劝、不服管，问我该拿孩子如何是好。那时，我的作用就是为来咨询的人提供建议，所以我要让他们明确地认识到，我对孩子做不了什么，只能从他们这里入手。听起来虽有些冷酷，但事实如此，我都不了解这个孩子，又如何能改造他呢？

我说完后，我们彼此沉默了片刻，所幸他们还是顺利地接受了这段话。后来妈妈从孩子身上转移了出来，讲起了以自己为中心的故事。她说，训斥孩子的时候，她同时也在不停地埋怨自己没能完全尽到母亲的职责，她心中对孩子有所亏欠，也担心他走上歪路。她承认，在这之前从没有客观地看待、审视自己的这种心情。在咨询过程中，她明显表露出了自己的这种心理状态。于是我建议她，可以试着向孩子表达自己的歉疚。

几天后，这位母亲来咨询室的时候表情明朗了许多，她说她真诚地向孩子请求他的谅解。当时孩子又不听话，正要耍赖撒泼，她突然就想起了咨询的内容，于是不自觉地跪坐在地上，对孩子说道："妈妈对不起你，妈妈错了。"说罢，两人拥抱在了一起，号啕大哭。惊人的是，自那之后孩子的表现就有了巨大改变，以前总把"在爷爷奶奶家的时候就不这样""奶奶说可以做""爷爷就没这么说过"挂在嘴边，现在他会经常询问妈妈的意见："妈妈，我可以做这个吗？""妈妈，这应该怎么做？"努力做个好孩子。孩子不听话，与其说是为了故意刁难妈妈，不如说他其实还需要适应的时间。孩子不懂妈妈的心，而面对一个成天骂骂咧咧、只想教规矩的母亲，对孩子而言也十分痛苦。从前他长久以来按照爷爷奶奶的要求生活，从某种程度上说，因变化而导致的不适应也是人之常情。

这两个例子都向我们印证了一个事实：彼此心意相通的瞬间，人就会有所改变。虽然关于孩子的有些事需要人教，但随着家庭内部一些微妙的情感流转开来，一旦感受到彼此的真心，有些问题也就迎刃而解了。我们无法改造他人，只能寄希望于一旦自己发生变化，对方也会随之而变。但同时，如果一时难以分辨究竟错在谁，或是难以给出确切的判断，也应学会暂时保留意见、不下定论。换言之，即便认定是对方的过错，两人如果处于情绪激动的状态，那也要再从头捋清思路或留一定的时间进行判断，即重新思考自己的所作所为。犯罪人员在这一点上难以做到，很多普通人也是。

我这么说，并不是要将韩国社会中发生的事故、案件统统归结为家庭内部的问题，也不是要把责任推到家人身上，而是在梳理案件类型后，我发现这些案件发生的根源都在有负面情绪的人际关系。社会已实现了高度发展，人们要适应复杂多样的人际关系，而许多人甚至都没有适应的机会。根据目前的社会结构，家庭教育、校园教育、人性的形成都不能再局限在个人问题上了。

若想使家庭归位

如今的社会结构中已很难发现过去的影子，留给我们的课题也成了应如何激发出家庭不可或缺的正向作用。有人认为人的攻击性倾向是有定量的，一旦得到发泄就会平复，所以小时候爱惹是生非的人，长大之后反倒不会再引发问题。无论相信性善论还是性恶论，每个人都具备一定的攻击性，迟早都会宣泄出来，只是表露的时期和方式有所不同罢了。能够适当发泄这种冲动的人才是人格健全的人，具备社会性支持网（指环境为个人提供的社会联结）的人在表达情绪时会表现得更加干练、成熟。然而，如果人的宣泄被压制，长期处于压抑状态，情绪就会在忍无可忍的时刻突然爆发，甚至突破社会制定的界限，从而跌入犯罪的深渊。

　　家庭是我们接触的第一个小社会，其他的社会性支持网也由此发端。通过深入观察可知，人在成长中逐渐形成负面观念及人生观的过程实在是千奇百怪。例如，有的人从未经历过正向且有意义的人际关系，他们与父母及他人之间没有建立起亲密、温馨的关系，成长过程一直处于孤立状态，由于缺失人际关系带来的快乐和喜悦，于是形成了消极负面的人生观。

　　再如，向来依赖父母的孩子，一旦多次遭到父母拒绝，体验到挫败感，就会慢慢挣脱与父母的关系，沉浸在自己的世界里，向漠视人际关系的方向发展。此外，从小在暴力的家庭环境中长大，目睹不幸的家庭关系，或曾被深信不疑的人狠狠背叛过的人，看待人际关系的态度都较为负面。因此，为了打造健康的家庭及人际关系，哪怕只是前进一小步都是值得的。

第四章

无论如何都不要放弃的事

要记得：我是非常不错的人。在认真生活的过程中，虽然受过伤，经历过矛盾，但我既有正视一切的勇气，也有治愈自己的能力。

所谓精神变态的困境

每当我在飞溅着血迹的案发现场见过被害人的惨象，或结束与被捕嫌疑人的谈话后，走在回家路上，内心总不免要产生无数的疑问。一个人怎么能把另一个大活人害得如此凄惨？每当这时，我总会思绪万千、心乱如麻，不住地思考："罪犯究竟是后期形成还是生来如此？""究竟为何会做出杀人这样极端的选择？当时的状况真的无法避免吗？""连环强奸杀人犯究竟在想些什么？"这些问题接连不断地涌现出来，在我心头挥之不去。虽然我已经很努力地不让自己在工作以外的场所思考这些问题，然而源源不断的问题还是让我不禁回想起谈话的场景。

我见过形形色色的罪犯，有人在杀害了 14 名女性后还能把恶行统统抛之脑后，继续若无其事地生活；有人为独占母亲的财产，不惜与配偶联手杀害自己的母亲和大哥，随后还报警假称失踪；还有人用杀鸡般的手法残忍地在家中杀害双亲，事后最担心的竟是不知该怎么处理刚开通的手机；更有甚者，满嘴胡言乱语，硬说感觉邻居家里满是水虱，而且这些虫子马上就会来杀掉自己，最后为了保全自己选择杀死同住的亲生母亲……罪犯的类型数不胜数，我的烦恼也是如此。

涉及钱财或仇怨的杀人案，看似千篇一律，但每每遇到儿童、女性和老人这样的弱势群体成为被害人，我都会痛心地沉默许久。这些人在毫不知情的情况下，甚至都无力反抗，就在恐惧中死亡。我的疑问无人能给予解答，只能自己思索。我有时甚至理不出头绪，不知该对即将会面的犯案人员说些什么。我是谁，他们又是谁……这些想法想不通、理还乱。

每当遇到已被判定为精神变态的连环杀人犯、连环强奸犯或恋童癖的嫌疑人时，我表面上不露声色，内心总会视他们为彻头彻尾的魔鬼，搞得整个人神经都非常紧绷，有时甚至难以控制自己的表情。但实际上，我遇到的罪犯更多的是让人想不通他们究竟是如何走上犯罪道路的，是什么让这样一个看似平凡的人不管不顾地行凶,犯下罪过。

时常有人问我,见过这么多媒体报道的凶恶罪犯,有没有想过究竟人为何物?这很难用简单的一句话来解释,尽管大部分的犯罪之人都具有一定的反社会性,但被划分为精神变态的只是极少数。于我而言,我看待精神变态型罪犯和其他罪犯的感情是完全不同的。

真的存在精神变态吗

被划分为精神变态的罪犯可谓是真正的怪胎,或者说是披着人皮的恶魔,我绝不愿用任何正向的词汇来描述他们。近期才彻底破获的"华城连环杀人案"[①]中,嫌疑人杀害了自己的妻妹,但时至今日还在牢狱中埋怨着自己的前妻,毫不掩饰其内心的遗憾:"但凡那老娘们儿没离家出走,我就不会被抓,还能再奸杀掉几个人。"被问及印象最深的被害人是谁时,他还一边反复回

---

① 华城连环杀人案:前文提到的"李春才连环杀人案",发生在1986年至1991年间的韩国京畿道华城一带,共有10名女性遭到先奸后杀,警方始终未能破获此案,也使其成为韩国重大刑事案件史上最恶劣的悬案。2019年9月,已在狱中服刑的无期徒刑犯李春才被锁定为此案嫌疑人,且李对犯罪事实供认不讳,这桩悬案才得以真相大白。——译者注

味着她们痛苦死去时的场景，一边胡言乱语道："我觉得她们也很享受这个过程啊。"犯罪侧写师面带微笑地坐在他面前谈话，他毫不犹豫地说："我感觉你们好像也对我有好感。"正常来说，即便是瞬间爆发的情绪失控导致其实施犯罪，只要还是人，事后都会深刻地认识到自己的错误，对被害人表达歉疚，但从他身上却难以瞥见一丝一毫的反省或悔意。因此，我非常不想把他看作是人类。

为借嫌疑人之口了解完整的犯罪经过，桩桩件件地揭露还原具体真相，为被害人申冤，犯罪侧写师必须认真倾听嫌疑人那些前言不搭后语、常人难以理解的故事，并最终让他们在法庭上受到应有的惩罚。我清楚地知道，罪与人应分开看待。大部分情况下，我确实也尽力做到了，但每当我和精神变态谈完话，很难不留下心理阴影。假如没有共事的同事，我怕是很难成功克服这一点。

不久前，我去看守所开展谈话，一位狱警的话令我印象深刻。他问我有没有想象过狱警的生活，还告诉我，他们从不过问囚犯们都犯了什么罪。除非通过媒体报道偶然得知犯罪事实，但也绝不会再好奇或打探更多细节。因为一旦对罪犯的罪行有所了解，就会不自觉地厌弃这些人，继而很难再从事狱警的工作。

只把注意力放在如何让罪犯在狱中改过自新、安安稳稳地生活下去,才能在这一行做得更久。

而犯罪侧写师恰恰是要千方百计地揭露真相,与狱警的工作性质完全不同。但我却对他的话非常有共鸣,一旦得知其犯罪的具体内容,就很难以平常心面对服刑人员。为了解被害人的特点,我们有时也需要去拜访被害人的家人。这样一来,不仅是被害人的冤屈,被害人的家人正在经历的愤怒、怨恨和绝望之情,我们都要近距离地感受。无论再怎么努力地将案件和"我"隔离开来,被害人的痛苦还是会原原本本地传导到我身上,仿佛我也成了被害人的家属。这样的我实在难以客观对待那些毫无悔意、把犯案过程拿来当谈资炫耀的嫌疑人。

其实,对于如何改造这些完全无法共情被害人痛苦的人,我也没有十足的把握。只能说如果他们还在狱中,那么在无法确定他们不会再次犯罪之前,万万不能批准其假释出狱。

不能放弃希望的人们

然而,我对那些非精神变态的嫌疑人则持有不同的想法。众所周知,纵使是一母同胞,也不可能有完全相同的人生。通过查阅一些研究罪犯出生及成长背景、生活环境等课题的理论书籍可以发现，罪犯大多成长在不幸的环境中，有的在儿童期曾遭虐待，性格消沉，还存在潜在的心理压力。

2006年1月至今，我已见过300多名罪犯，其中不乏一些犯下令人难以理解的罪行的人。由于犯罪侧写师见到的大部分都属于重大刑事犯，没有一个人是我们眼中的"普通人"。他们都想倾诉自己的"苦衷"，我则负责侧耳倾听，即使经常听到完全不能理解的表述，也只能认真听下去，假装对无法共情的部分有所共鸣。有时我也会对在里面产生共鸣、出来又得出相反评价的自己感到陌生，或产生自我怀疑：再这样下去，我不会也成变态吧？

也有部分罪犯从一开始就对我表现出警惕和攻击性。有人死活不愿从拘留所出来，在里面固执地叫嚷着不需要什么谈话；也有人在拘留所里试图吞钉子自杀，又或者脱光衣服大闹现场。人们普遍认为，既然犯了错就该老实待着，但仍有犯下罪行的人不知错就改，任性妄为，一天到晚净琢磨着怎么能少受点刑罚，一而再，再而三地做出违反规定的事。

一些对现场状况毫不知情的人会指责警方过度执法或态度不端，这些指责可能也有一定的道理，但我也怀疑，他们在目睹罪犯的所作所为之后，这话还能否说得出口。每当看到惨死的被害人，我内心也很难克制对罪犯的责难。但真正到了谈话现场，坐在面前的又是看上去与我并无不同的人。作为犯罪侧写师，我的工作就是，了解他们究竟是如何走到这一步的。

在哪里出生？由谁抚养长大？是否与父母共同生活？兄弟姐妹关系是否融洽？父母是怎样的人？与父母的关系如何？平生搬过几次家？小学、初中或高中是否毕业？学生时期和同学们相处得如何？人们是如何评价你的？自认为是什么样的人？做过哪些工作？异性关系如何？有无结婚经历？第一次性经历是和谁发生的，当时是怎样的情况？住在哪里？是否有人同住？是否喜爱动物？有无虐待动物的经历？平时喜欢何种服饰或发型？最幸福的回忆是什么？最伤心或痛苦的瞬间是何时？做不做梦？眼下最担忧的事是什么？

就算与犯罪无关，这些问题也都要问一遍。这些看似与犯罪行为没有直接关系，但罪犯给出的答案中却包含着大量与其相关的信息。大部分罪犯一边不解自己为什么会坐在侧写师的面前接受谈话，一边滔滔不绝地讲述着自己的个人经历。

很多人根本不知道自己是怎么走到犯罪这一步的。犯罪侧写师这个职业，职责是准确理解犯案人员的犯罪心理，挖掘作案动机，分析犯罪前、中、后的行为特点，积累数据以备后续发生类似案件可尽早破案。我学习过心理咨询和教育学，我认为犯罪侧写师的另一项目标是通过谈话，让犯案人员再多了解自己一点。

我希望能多给他们一些机会，让这些对自身缺乏审视的人周密细致地回顾自己走向犯罪的过往人生。有人在初次相见的人面前讲述自己的故事，说得涕泗横流；也有人即便可能面临更重的刑罚，依然愿意承认自身罪行，把相关细节讲给我们听，谈话结束后不忘向我们道谢。谁能来理解他们呢？他们平生从未有过这种经历，有人乐意专门为他们抽出时间，专心致志地听他们讲故事，即便他们是罪犯，仍对犯罪侧写师心怀谢意。

事情已经发生，人也已被逮捕，在这种状况下，罪犯无时无刻不面临着内心的矛盾，纠结究竟该交代到何种地步。为什么犯罪，和被害人的交往经历，都只有犯案人员自己知情。侦办人员根据已发生的案情进行询问，是否如实交代就在犯案人员的一念之间。一旦他们认为，有些细节即使仔细解释也并不会对自己的量刑产生影响，那么也就没有必要再逼自己想起那些不愿回忆的事了。

我们每个人都更愿意与那些能够体察自己心意、轻松对话的对象多谈谈。我不禁想，那些犯下重大刑事案件的人大概也是相似的想法吧！

儿童期至关重要

研究人类心理学、社会性发育的学者存在一个普遍共识,即人在发育阶段中,最重要的时期是从出生到上小学之前的几年,这期间形成的各种情感会对其一生产生影响。人在成长过程中,各阶段都有应完成的课题。如未能在决定性时期予以完成,反而会滋生出诸多负面情绪;如果没遇到能倾听自身故事的好人,那么消极倾向就会在人生的危机时刻显现出来。虽然很难举出某个特定的例子来完美印证这一主张,但我在工作中通过不断与罪犯们接触,渐渐确信事实的确如此。

那些有幸遇到好的父母、与能提供正能量的人共同生活、幼年期幸福美满的人，即使遇上困难，也大概率不会轻易感到受挫或把自己逼入极端境地。工作至今，每当我问及罪犯们最幸福的瞬间是什么时候，他们几乎无一例外都陷入语塞。我内心很想问，难道真的不曾有一个人让你感到过幸福吗？但可惜的是，事实于他们而言的确如此。不可否认的是，并不是所有成长在负面环境中的人都会沦为阶下囚，或做出相同的选择。可心理环境如此的人，如果接连不断地陷入负面情境，某天正巧负面情绪被触发了，那个被黑影占据的房门一旦被打开，情况一时失控，他们便会难以自持地大步走入那个深渊。

我们为何需要数学

从小学的简单算数，再到高中学习的微积分，我时常想不通，数学这么难，为什么一定要学呢？我们的算数水平只要达到买东西时能算清该找回多少零钱不就够用了吗？我虽是文科出身，但对数学算得上兴趣浓厚，都有过这种想法，也就怪不得其他同学常把这话挂在嘴边了。后来，在接触罪犯的过程中，我才明白数学是多么重要的学科，才意识到了逻辑思维在人的健康成长中发挥的重要作用。逻辑思维的培养虽不限于数学学习，但在学习数学的过程中，确实能自然而然地培养起这种能力。

读到这里，大家或许仍然无法理解学习数学的必要性。待听我讲完下面的案例，不知你会作何感想。之前我见过一名盗窃犯，这个人此前就曾因盗窃罪被判刑，服完刑被释放还不足一个月，就因同罪再犯而二入拘留所。本来侧写师无须约谈这类盗窃犯，但负责此案的刑警请求我们务必来见一见。

和平时的谈话一样，我问了他的成长背景及既往的人生经历，中途他哭了，吐露自己宁愿死，也不愿再进监狱。我又问，既然如此，那你为什么还要犯罪？他答道，除了犯罪，无路可走，还大声叫嚷着："我在监狱里的时候，父母无处可去，填不饱肚子，也没钱，我还能怎么办？！"

眼前说出这话的是一个身体健康、四肢健全的年轻人，乍一看长得也挺帅气。他靠一己之力，无论做些什么营生，糊口都不成问题。我耐心地把这些分析给他听，他听完才说，真没这么想过，只觉得愤怒和迷茫，除此之外大脑一片空白，要是在犯罪之前遇到我就好了。我听完，只为他感到遗憾惋惜。假使之前他就能够意识到相同情况下仍有许多其他选项，想必也绝不会走上犯罪道路。

那时我最先想起了"概率"这一概念。小学数学课上曾教过这样一道应用题：口袋里有 5 颗红色珠子、3 颗蓝色珠子和 3 颗黄色珠子，从中取出红色珠子的概率有多少？要解这道题，首先就要认识到，口袋里是同时装有红色、蓝色、黄色三种颜色珠子的。同理，遇上令人愤怒的情况时，如果压根不知道大有可供自己选择的余地，那么概率之说不也就成了无稽之谈？至少连思考是否还有其他解决办法的心力都不曾拥有。

任何人都可能成为精神变态吗

每年年末，韩国保健福祉部和中央儿童保护专业机构都会联合举行"预防儿童虐待论坛"，我曾在 2019 年举办的第六届论坛上参与过课题讨论。当时我们探讨的话题是：亲身接触虐童犯的感触及如何预防此类犯罪。其间我接到了这样的问题：是否每个人都暗藏着精神变态的倾向？

先说结论，我并不认为所有人都有精神变态的可能，我认同的是每个人都具有不同程度的攻击性这一观点。婴幼儿时期的孩子，如果肚子饿或哪里不舒服就会哭；如果欲望未得到满足，就会哭得更凶，以此来表达自己的不满。研究发育心理学的学者认为，与"高兴"相比，"不高兴"的情绪发育得更早，也更细致。

随着语言能力的发展，人类表达不快的方式变得精准高效，开始学习既不引起旁人不快，又能满足自己欲求的方法，逐渐能够预测他人对自己的所作所为会作何反应，并具备理解他人表情背后含义的能力。

在实际生活中，如发现有些举动必将招致难以收场的后果，那么本想做的事会暂时放下。然而，如果没能在这一时期习得这种能力，或无法通过恰当的方式满足自己的欲求，那就只能转向采用其他方式或由此开始经历负面的心理社会性发育。这种现象如一路发展至成人期，就会产生利己倾向，只会以自私的形式来获取自己想要之物，而无法体恤他人情绪，也缺乏共情能力。

能习得恶,必能习得善

人的忍耐都是有限度的,气量的大小或许因人而异,但忍耐绝不是没有底线的。忍耐一旦超出界限,是人就都会以不同的形式爆发出来。有些案犯平时是胆小鬼、窝囊废,偶然间发一次火或做出了攻击性行为,感觉到对方真的被自己震慑住了,他们的情绪就会表现得更加激烈或具有攻击性,甚至做出超出法律界限的犯罪行为。因此,罪犯们在陈述自己的罪行时,往往会说:"我稍微表现得强势一点,没想到对方就真的被我吓住了。"说着,嘴角还不住地微微上扬,其快感在谈话过程中没能隐藏得住。面对这样的罪犯,我时常感到毛骨悚然,怀疑这还算是个人吗?!

纵使罪犯都不愿身处牢狱，但那一刻他压抑已久的愤怒似乎得到了宣泄。

人究竟是生来向善，还是天性为恶，只因在与善良的人相处的过程中受到影响才在成长过程中逐步向善？这个问题谁也说不清。但可以确定的是，无论善恶，都是可以学习的。正因如此，才会有针对罪犯开展的研究，其结果表明个体犯罪与家庭成员犯罪存在一定关联。

老话说，"江山易改，本性难移"，讲的就是人不会轻易改变，因此很多情况下尝试改变他人的效果都并不理想。然而，如果本人愿意下功夫去改变自己，或能够深入洞悉自己，也能实现个人剧变。在此过程中，也有人一边念叨着"早知如此"，一边后悔、反思过去。

问题在于，人很难达到那个阶段，靠外界旁人的强逼尤其不可能。即便如此，单凭存在成功的可能性，就值得我们珍惜机会、乐观看待。人类能够通过学习和感悟改变自己的人生，创造新的人生，这难道不是值得庆幸的一件事吗？

爱是永远的灵药

人都需要爱,尽管表达爱的方式各异,但人永远渴望得到各种形式的爱。自认充分被爱包围的人拥有良好的忍耐能力,即使没有人时刻黏在身边说"我爱你",也总能感受到爱,这样长大的人难以做出极端的选择。他们不会视自己的性命如草芥,也不会做出伤害他人的行为。他们深知爱着自己的人对自己怀有怎样的期待,因此即使在盛怒之下,也能控制住情绪、克制住行为。

我曾在与一名连环杀人犯的谈话中问过他这样一个问题:"你认为从小到大得到充分的爱了吗?"此前大部分问题他都答得游刃有余,唯独在这个问题上他歪了歪头,我看出他实则非常难堪、尴尬和慌张。随后他反问我，这跟犯罪过程无关，问这干吗？从没想过这个问题，什么爱不爱的，不懂啥叫爱，结婚也不是出于相爱，无非是当时交往的女人意外怀孕，又不愿意打胎，就办了个仪式罢了。他这个回答着实驴头不对马嘴。接着我又让他"不妨现在再回想一下吧"，这次他没有回答，反而告诉我说，小时候忙着干农活，连和家人对话的时间都没有，这使他至今都非常痛恨农村生活。

　　爱与被爱，这两种感情中都蕴含着惊人的力量。它们能使一个一无所有的人莫名变得宽宏大气，能使人拥有极为广阔的心胸，广阔到把他人放在心中仍还留有余地，令自己都难以想象。相信自己被人所爱、有人支持，能给予人克服困难的力量。当遭遇攻击性的人时，这股力量不会让人做出和对方类似的暴力行为，而是暂时保留判断或采用恰当的方式来避免这种情况。尤其是从小得到了充分的爱护和鼓励、个人欲求能及时得到满足的人，他们内心的能量都会转化为无形的财产，成为引导其一生都过得幸福、充实的源泉。也可能是出于这个原因，大家才会乐于把全家福摆在书桌上，或是把与爱人的合照等记录幸福瞬间的照片珍藏起来吧！

　　鉴于此，我也想建议读者朋友们，下次旅行归来，不妨将旅途中的照片洗出来，制成随时随地可掏出翻看的小相册，而不是把这些记录扔在电子文件夹里。遇到劳累艰难的时刻或是压力太大的时候就拿出相册来回味一番，就会发现自己的嘴角止不住地上扬，那时的美好回忆涌上心头，就会产生新的正能量。

缺乏幸福回忆的人们

亲手犯下杀人、抢劫、性侵等重罪后，以嫌疑人的身份坐在犯罪侧写师面前，还要从记忆深处挖出人生的幸福瞬间，确实不是一件易事。对有些案犯而言，回想犯罪经历很轻巧，反倒是回忆令自己有幸福感的过往则更加艰难。每每见到这样的罪犯，我都为他们感到无比遗憾。

在双职工家庭中，对于养育孩子的上班族妈妈而言，最痛苦的事莫过于陪伴孩子的时间总是不够，因此只要孩子感冒身体不适或是与同学发生任何琐碎的问题，妈妈们都会自责痛苦，一味地将孩子的过错归咎于自己。然而，重要的并不是实际陪伴的绝对时间的长短。与孩子共度的时间长，不代表就会对孩子产生正向影响，我想很多父母都会赞同这一观点。等孩子上了初、高中，估计会更喜欢父母不在身边的时光。因此，父母和孩子并不是每时每刻都要一起度过。重要的是，要让孩子在与父母相处的时间里感受到自己是被全力支持、无条件爱着的。

当你下班回到家，孩子会放下玩具、激动地朝你大喊一声"妈妈！"，然后向你飞奔而来，一口气扎进你的怀里吗？这个问题我问过不少人，能爽快回答"会"的人却没有几个。那如果我告诉你，从那一刻中汲取的力量能支持孩子过完一天、一周，乃至一个月，你又会怎么做呢？把飞奔而来的孩子一把搂进怀里，假如仅凭这一个举动就非常有助于孩子的成长，我相信大家都会做出明智的选择。被父母紧抱在怀里时的感觉会被孩子封存进自己的"优质世界"①，终生都难以忘怀。不知读者朋友们在各自的"优质世界"里，都存放着哪些照片或画面呢？在今后的人生中，我们应努力多积攒一些幸福的照片才是。

人远比想象中复杂和难以理解。大多数罪犯都不清楚自己为何走上了犯罪道路，甚至无法接受当时的行为是自己的主动选

---

① 优质世界（Quality World）：按照现实疗法的解释，优质世界指的是用于保管可满足自身欲求、令自己感到满足的美好场景的心理区块。

择。人所有的行为皆为满足个人欲求，因此也应自行承担行为后果。我们的大脑中有一套不可见的系统，针对每时每刻发生的事件做出决定。看似在完全无意识之下自然做出的举动，也就是罪犯口中常说的"无奈之举"，其实皆出自这种选择。现实疗法认为，我们所有的行为并不是平白无故而来的，其动机均来自内在因素。

也许这不大好理解，但赌博、酒精上瘾，乃至自杀等其实也都是个人选择的结果。每当人们说"我本来不想那样，但无意识之中就已经做出来了"，这样看似不得已而为之的解释反而会让人感到绝望。我们能做的，就是制订应对方案，引导心理有创伤的人在满足自身欲求的过程中多选择有效且合理的方式，而不是选择有破坏性的方式，多留存一些令自己感到满足和幸福的场景。通过重复这一过程，让他们真正地接受一个事实：那些"被逼无奈"的选择其实也是自己的主动决策，且个人必须对结果负责，同时让他们不再继续做出错误的选择。罪犯并非生来就是罪犯，我们无论如何也要让他们学会理解自己、选用有效的方式，避免其与犯罪行为产生联结。

无论如何都不要放弃的事

思维方式上的分毫变化就足以改变一个人,有人说涉及犯罪的基本心理特质是与生俱来的,也有很大一部分人说精神变态存在器质性诱因,或是父母的养育态度等儿童期原因起着决定性作用。我认为,罪犯并不是天生的,而是在成年累月中渐渐造就的。这说明,即使降低犯罪率难以实现,但至少不是没有可能。我相信,人有无限的可能,但哪怕有一点改造的可能性,都需要社会机器的介入。

每个人打心底里希望自己是生活的主角,人大概会在5岁左右显现出这种欲望。如果能给这个时期的孩子一定的信心和支持,让他们相信自己有这个能力，就能产生过好余生的底气。如果说这一时期能决定孩子在长大后是否会畏畏缩缩，不敢自行做出决策或选择，甚至一生看人眼色过活，那世上又怎么会有父母会放任子女自甘堕落？纵使有人没能获得那样的支持和关怀，正逐渐沦为丧失人性的怪物，也并不意味着他们绝对回不到最初的样子。我们看到的，并不是一个人的全貌，因此该假定他们还存有其他可能性。

每个人都渴望与他人建立亲密关系，并在生活中以各种形式维持彼此间的联系。我们会在家庭、职场、社团等群体中被赋予特定的身份，还会根据个人欲求的不同，选择在各种各样的集体中担任符合集体性质的角色。在此过程中，人与人之间既会出现矛盾，也会以正面或负面的方式发挥自己的能力。

万幸，我们还具备着自愈的能力。大部分人能够做到反窥自己的内心，治愈心灵伤痛，仅在极端情况下才需要专家的处方进行治疗。只要我们能主动觉察到这份力量就可以。

在合上这本书之前，我们一定要记得：我是个非常不错的人。在认真生活的过程中，虽然受过伤，经历过矛盾，但我既有正视一切的勇气，也有治愈自己的能力。